Einladung zur Weinprobe

Zum Weinkenner wird man nur durch langjährige Erfahrung. Wer regelmäßig und mit Verstand trinkt, eignet sich das nötige Unterscheidungsvermögen an. Eine andere Möglichkeit, Wein einordnen zu lernen, gibt es nicht.
Wie trinkt man mit Verstand? Lassen wir einen Fachmann zu Worte kommen: „Wir lassen den Wein im Glase rotieren, nachdem wir seine Farbe mit zum Licht erhobenem Glas gewürdigt haben. Nun führen wir das Glas zur Nase, rotierend lösen sich die ätherischen Öle des Weines, und die Blume entfaltet ihre mannigfachen Duftstoffe. Die Feinheit der Blume ist das Kennzeichen der Qualität. Ein Wein ohne Blume ist wie eine Frau ohne Charme.
Wir folgen der lateinischen Spielregel der Alten:

COS = Colore, Odore, Sapore: die Farbe prüfen, den Duft, das Aroma einatmen und schließlich den Geschmack genießen und die Zunge urteilen lassen! Das klingt wie eine feierliche Zeremonie, und eine solche soll es auch sein. Je edler der Tropfen, desto andächtiger sollte man sie üben.

Man läßt den Wein langsam über die Zunge rollen, er soll dabei die Backentaschen und den Gaumen liebkosen und alle Geschmacksnerven berühren. Man kann den Wein ,kauen' – daher der Name ,Weinbeißer' –, kann schlürfen und schmatzen, denn um so besser wird man seine letzten Geheimnisse ergründen."

Nun erst rinnt der edle Tropfen die Kehle hinunter. Auch dieser Teil der Weinprobe, fachmännisch als Abgang bezeichnet, läßt sich kritisch beurteilen. Bei großen Weinproben nimmt der Prüfer nur hin und wieder einen Schluck, weil er einen klaren Kopf behalten muß. Zwischen den einzelnen Proben werden Zunge und Gaumen neutralisiert, wieder aufnahmefähig gemacht. Der Weinkoster kaut ein Stückchen geschmackfreien Keks („Weinkeks") oder trockenes, möglichst ungesäuertes Weißbrot.

„Ein Dichten ist auch das Weingenießen, nur daß die Verse nach innen fließen", besagt eine Inschrift im berühmten Ratskeller zu Bremen, dessen Weinkarte zu den umfangreichsten der Welt gehört. Wie stellt man es aber nun an, daß der Gast unbewußt zu einer Steigerung der Genüsse geführt wird? Soll man auf dem Höhepunkt abbrechen? Oder soll man sich nach den Worten der Bibel richten, die im zweiten Kapitel des Johannes-Evangeliums sagt: „Jedermann gibt zum ersten den guten Wein, und wenn sie trunken geworden sind, alsdann den geringeren"?

Man kann beides tun, wenn man den richtigen Zeitpunkt im Gefühl hat. Weinkenner halten sich an das biblische Rezept; sie steuern einen Höhepunkt an und gehen dann zu einem immer noch guten, aber weniger Konzentration fordernden Wein über. Sie werden sich allerdings auch hüten, gleich mit dem besten Tropfen zu beginnen. Der Idealfall wäre eine parabelförmige Kurve: allmählicher Anstieg, dann Ausklang bei einem sorgfältig ausgesuchten, frischen „Schlußwein".

Im übrigen sollte bei der Probe stets vorangehen: der schwächere Wein dem stärkeren, der trockene Wein dem süßen und feurigen, der trockene Weißwein dem Rotwein, der Rotwein dem lieblicheren und körperreichen Weißwein. Allgemein sollten Sie beherzigen, was der Herzog von Talleyrand nach einer berühmten Anekdote verdeutlichte. Er schenkte einem Gast einen seiner edelsten Weine ein. Ohne Umstände setzte der Gast das Glas an und stürzte den kostbaren Inhalt in einem Zug herunter. Talleyrand füllte nach; bevor aber der Gast den Inhalt des zweiten Glases ebenso brutal durch die Kehle jagen konnte, hielt ihm der Diplomat eine Standpauke:

„Einen so edlen Wein spült man nicht hinunter wie Bier", sagte er. „Man nimmt das Glas zuerst in die Hand und betrachtet den Wein." – „Und dann?" erkundigte sich der verblüffte Gast. – „Dann hebt man das Glas an die Nase und genießt den Duft des Weines." – „Aber dann darf man ihn doch trinken?" – „Nein", erklärte Talleyrand, „dann stellt man das Glas auf den Tisch zurück und spricht über den Wein."

Schon die Römer liebten den Wein über alles. Als Cäsar Gallien eroberte, führte er den Weinbau in allen klimatisch geeigneten Regionen ein. So kam der Wein auch an den Oberrhein, in die Pfalz und an die Mosel. Im gesamten römischen Reich entwickelte sich ein ausgedehnter Weinhandel, und auf vielen Flüssen fuhren römische Weinschiffe mit dem begehrten Naß. Unser Bild zeigt die Nachbildung eines solchen Weinschiffes der Römer aus dem 3. Jahrhundert n. Chr., das in dieser Form das Grabmal eines Weinhändlers in Neumagen an der Mosel schmückte.

Ein Kapitel Weinhistorie

„Daß aber der Wein von Ewigkeit sei, daran zweifl' ich nicht", bekannte Johann Wolfgang von Goethe in seinem „Westöstlichen Diwan". Wer war nun wirklich der erste Winzer der Geschichte? Alte Legenden berichten, Osiris habe die Rebe in Ägypten eingeführt, Saturn dagegen auf Kreta, und Bacchus sei als der erste Rebenzüchter Indiens zu betrachten.
Die Bibel ist da anderer Meinung. Nach ihrem Bericht hatte Noah nach der Sintflut, die er in seiner Arche überstanden hatte, keinen Appetit mehr auf Wasser. Also „fing er an und ward ein Ackermann und pflanzte Weinberge. Und da er des Weins trank, ward er trunken und lag in der Hütte aufgedeckt."
Wie ein Zaubermärchen mutet die persische Weinüberlieferung an. Jemsched, ein Nachkomme Noahs und königlichen Geblüts, bewahrte im Keller seines Palastes Traubensaft auf, bestimmt für seinen Harem und Hofstaat. Bald allerdings fing der Saft an zu gären, und niemand mehr wollte ihn trinken. Eines Tages war die Schönste des königlichen Harems, von dauernden Schmerzen geplagt, ihres Lebens überdrüssig. Sie trank von dem nach Meinung der Hofbeamten giftigen Saft, und zwar nicht zu knapp, denn sie wurde bald in höhere Sphären entrückt, voll des süßen Weines. Die Schmerzen waren verflogen, und schließlich probierte auch der König von dem Trank und ließ sich von ihm verzaubern.
Nur eine Legende? So oder ganz ähnlich könnte sich die erste Weinprobe in der Steinzeit abgespielt haben. Das älteste Handwerkszeug für die neue Getränkeindustrie dürfte eine 8000 Jahre alte Frucht- oder Traubenpresse sein, die

Archäologen 1969 südwestlich von Damaskus ausgruben. Die daneben gefundenen Traubenkerne sind zwar nicht unbedingt ein Beweis für Weinherstellung, aber der Wein entsteht schließlich von selbst, wenn der Traubensaft nicht schleunigst getrunken wird.
Erste sichere Anhaltspunkte ergaben etwa 6000 Jahre alte sumerische Rollsiegel, auf denen Trinkszenen abgebildet sind. Um 3000 v. Chr. hatte sich in Mesopotamien und Ägypten schon eine rege Weinkultur entwickelt. Der ägyptische Weinbau ist bestens belegt. Bei den jährlichen Festen floß der Wein in Strömen. Die Weintraube gehörte in Königs- und Edlen-Gräbern der Pharaonenzeit zu den beliebtesten Motiven von Wandmalereien und Halbreliefs. Und es mag kein Zufall sein, daß sich König Djoser (etwa 2800–2700 v. Chr.) unter seinem Grabbau, der Stufenpyramide von Sakkara, einen Weinkeller anlegen ließ.
Wenn man zurückwandert in der Geschichte des Weins, muß man unterscheiden zwischen der Historie der Kultur des Rebstocks und derjenigen der Weinbereitung. Die wilde Rebe ist vermutlich so alt wie das Menschengeschlecht. Aber auch die Edelrebe ist kein Jüngling mehr. Sie scheint im alten Mesopotamien zuerst angebaut worden zu sein, um 2000 v. Chr.
Um die gleiche Zeit kannte man den Weinbau jedoch auch schon in China und Ägypten. Aus dem Zweistromland stammt auch die erste staatliche Verordnung den Wein betreffend. Der babylonische König Hammurabi erließ sie um 1750 v. Chr. Er befahl feste Preise, führte Höchstmengen für die Erntezeit ein und verbot Tempelfrauen „bei der Strafe des Feuertodes"

In der Stiftskirche in Klosterneuburg in Niederösterreich befindet sich der berühmte Altar von Nikolaus von Verdun aus dem 12. Jahrhundert. Eine der Darstellungen zeigt die Rückkehr der Kundschafter Israels aus Kanaan, von wo sie eine solch große Weintraube mitbrachten, daß sie sie nur zu zweit tragen konnten. Bei einem Brand im Jahre 1330 retteten die Chorherren das Kunstwerk, indem sie es mit Wein übergossen.

8

die Eröffnung eines Weinausschanks. Damals gab es also schon „richtigen" Wein, durch alkoholische Gärung aus dem Saft der frischen Weintraube hergestellt, wie unsere heutigen Definitionen nüchtern umschreiben. Es ist zu bezweifeln, daß das babylonische Gebräu uns heute besonders gut munden würde. Es wuchs zwar in der Nähe der Gegend, wo die Alten das Paradies vermuteten, aber ob es paradiesisch schmeckte oder vor Gewürzen dampfte, ob es sich um einen rechten Surius handelte oder um ein öliges Zuckerwasser, das läßt sich heute nicht mehr feststellen.

Aus dem Land zwischen Euphrat und Tigris verbreitete sich die Weinkultur über ganz Griechenland. Phönizische Händler brachten sie etwa 1000 Jahre vor Christi Geburt in das Land Homers. Der blinde Dichter scheint kein Weinverächter gewesen zu sein – zahlreiche Stellen in seinen Werken legen Zeugnis davon ab.

Die griechische Trinkkultur beeinflußte ein ganzes Zeitalter. Das Symposion, ein Weingelage unter Männern, entwickelte sich aus dem Trankopfer für die Götter. Der mit Harz versetzte Wein wurde verdünnt – wie im alten Rom war das aber kein Auswuchs falscher Sparsamkeit, sondern eine technische Notwendigkeit. Der in geharzten Lederschläuchen aufbewahrte Wein gab während der Lagerung so viel Flüssigkeit durch Verdunsten ab, daß man ihn unverdünnt kaum trinken konnte. Nur dem Dichter Anakreon sagte man nach, er trinke den Wein unverdünnt – eine Sünde, die sich sonst höchstens ein Skythe leisten konnte.

Wie die Phönizier den Wein auf ihren Handelsreisen mitnahmen und bei fremden Völkern bekanntmachten, sorgten auch die Griechen in späteren Jahrhunderten für die Ausbreitung der Weinkultur. Alle griechischen Kolonialstädte waren Zentren des Weinbaues. Von Marseille aus verbreitete sich der Weinbau über Gallien bis ins Moselland. Auch das heutige Italien wurde von den Griechen zum Wein bekehrt. Jahrhundertelang bevorzugten die alten Römer allerdings nicht ihren eigenen, sondern den griechischen Wein.

Das änderte sich erst, als die Römer die wirtschaftliche Bedeutung des Weins erkannten. Nun wachten sie eifersüchtig darüber, daß niemand ihrem Weinbau in die Quere kam. Römische Einflüsse machten sich bald auch in Deutschland bemerkbar. Spanien, Ungarn und England können ihre Weinkultur auf römische Ursprünge zurückführen. In fast allen Ländern Europas trug in späteren Jahrhunderten die Kirche viel zur Verbreitung des Weinanbaues bei. Klösterliche Weinberge sorgten nicht nur für den Bedarf an Meßwein, sie belieferten auch die Tafeln der Mönche und Nonnen mit dem köstlichen Trank, und die meisten Ordensgründer waren auch damit einverstanden, wie ein Auszug aus der Regel des heiligen Benedikt nachweist: „Für jeden täglich eine Hemina (etwa ¼ Liter) ist ausreichend; wem aber Gott die Kunst verleiht, sich des Weins zu enthalten, der wisse, daß er besonderen Lohn empfange."

Religion und Wein hatten aber auch noch andere Berührungspunkte. Eine Anekdote aus der Zeit Napoleons I. legt Zeugnis davon ab. Als die Truppen des Kaisers in Germersheim lagen, wurde verkündet, daß alle Protestanten, die zur katholischen Religion konvertierten, die Namens- und Geburtstagsfeier Napoleons mitmachen und des dabei in reichem Maße ausgeschenkten Freiweins teilhaftig werden dürften. „Ganze Dorfgemeinschaften fielen vom Protestantismus ab und versoffen ihre Religion", notierte ein zeitgenössischer Geschichtsschreiber.

Während das Christentum dem Wein förderlich war, nahm der Mohammedanismus einen entgegengesetzten Standpunkt ein. In Asien, der Wiege des Weinbaues, und in Afrika wurden die Weinberge zerstört, als der Islam sich durchzusetzen begann. Der Prophet verbot seinen

Bei Speyer fand man eine Flasche mit Wein, die auf das 4. Jahrhundert n. Chr. datiert werden konnte und somit den ältesten bekannten noch flüssigen Wein enthält. Diese Rarität wird heute im Historischen Museum der Pfalz aufbewahrt, und die 32 cm hohe Flasche enthält noch ca. 4,5 cm zersetzte Flüssigkeit.

Anhängern den Weingenuß, der Koran kennzeichnete den Wein als ein Werk des Satans, Feindschaft und Haß stiftend und die Gläubigen vom Gebet abhaltend.

Seit wann werden in Mitteleuropa Reben angebaut? Die Gelehrten sind sich nicht darüber einig, ob es wirklich die Römer waren, die den Weinbau nach Germanien brachten, oder ob es schon vor ihrer Zeit an Rhein und Mosel Weinberge gegeben hat. Ausgrabungen deuten darauf hin, daß sich schon einige Zeit vor dem Einzug der Römer griechische und gallische Einflüsse in Germanien bemerkbar gemacht haben müssen. Mit Sicherheit betrafen sie den Weingenuß. Der Weinanbau dagegen läßt sich zuverlässig erst für die Römerzeit nachweisen. Im Jahre 276 nach Christi Geburt sind für das Moselgebiet Weinberge bezeugt. Am Rhein dürfte der Weinbau schon einige Jahrzehnte älter sein. Auch am unteren und mittleren Neckar haben die Römer etwa um die gleiche Zeit mit dem Pflanzen von Rebstöcken begonnen. Im 5. Jahrhundert war der Weinbau in Deutschland so allgemein verbreitet, daß das von Chlodwig im Jahre 421 erlassene Salische Gesetz den Diebstahl eines Rebstocks unter Strafe stellte. Von Mosel und Mittelrhein aus verbreitete sich der Weinbau im 6. und 7. Jahrhundert weiter nach Süd- und auch Norddeutschland. Den größten Aufschwung nahm er unter Karl dem Großen, der unter anderem die dichten Wälder in der Rheinebene der Pfalz roden und mit Rebstöcken aus Ungarn, Italien, Spanien, Lothringen und der Champagne bepflanzen ließ.

Bis ins hohe Mittelalter gab es Weinberge oder -gärten in Sachsen und Schlesien, in der Mark Brandenburg, in Hannover, Mecklenburg, Schleswig-Holstein, bis hinauf zur Weichsel, ja bis Tilsit und Memel. Der Hochmeister des Deutschen Ordens Winrich von Kniprode ließ um die Mitte des 14. Jahrhunderts Weinberge bei Rastenburg, Lüneburg, Hohenrode und Thorn entstehen, und als man dem Herzog Rudolf von Bayern 1363 bei dessen Besuch auf der Marienburg einen kräftigen Thorner Tropfen als Willkommenstrunk kredenzte, war er davon so begeistert, daß er ausrief: „Langt mir noch einmal den Becher her! Der Trank ist echtes Öl, davon einem die Schnauze anklebt!"

Um 1400 hatte der Weinbau in Deutschland seine größte Ausdehnung erreicht. Über 300 000 Hektar Rebfläche, dreimal soviel wie heute, verzeichnen die zeitgenössischen Chronisten. Deutschland lebte im Weinüberfluß. Wein war ein Volksgetränk. Es gab so gesegnete Jahrgänge, daß die Winzer den Wein, den die Leute nicht einmal geschenkt haben wollten, auf die Straße rinnen lassen mußten, um Platz für die neue Ernte zu schaffen. Und niemand fand etwas dabei.

Diesem „goldenen Überfluß" machte der Dreißigjährige Krieg ein Ende. Er hinterließ Zerstörungen und Schäden, von denen sich der deutsche Weinbau niemals mehr erholte. Viele Gebiete, vormals dem Wein erschlossen, wurden nicht mehr mit Rebstöcken besetzt – beispielsweise in Bayern, Nord-, Ost- und Mitteldeutschland. Zölle und Abgaben, Rebschädlinge und Mißernten sorgten überdies dafür, daß die Anbauflächen weiter zurückgingen – und dazu kam, daß andere Getränke, vor allem das Bier, den Konkurrenzkampf gegen den Wein aufnahmen.

Der Wein wurde immer rarer und damit teurer. 1653 war ein Stück (1200 Liter) Rheinwein noch für 300 Goldtaler, umgerechnet etwa 2400 Mark, zu haben. Einige Jahre später kostete der gleiche Wein schon 500 Goldtaler oder 4000 Mark je Stück.

Erst zu Beginn des 18. Jahrhunderts nahm der Weinbau in den klimatisch begünstigten Gebieten am Rhein und seinen Nebenflüssen einen neuen Aufschwung. Er wurde vor allem von den Klöstern stark gefördert, die sich auf Anweisungen der römischen Agrarschriftsteller stützten. Nach der Verweltlichung der Klosterbesitztümer zu Beginn des 19. Jahrhunderts traten vor allem Adlige und Patrizier an die Stelle der Mönche. Ihnen und ihren Nachfolgern ist der heutige Standard des deutschen Weinanbaues zu danken. Aber schon gegen Ende des 19. Jahrhunderts ließ die nächste Krise Winzer und Weinfreunde erzittern. 1860 war mit ame-

In diesen Gewölben des Klosters Eberbach soll vor vielen hundert Jahren einmal der Bruder Kellermeister nachdenklich vor einem Faß gesessen haben. Er sagte zum Bruder Küfermeister, der Wein schmecke nach Eisen. Der Küfer probierte und fand, der Wein schmecke nach Leder. Sie probierten und probierten, bis das Faß leer war, und siehe da – am Boden desselben fanden sie einen Schlüssel mit Lederschlaufe!

rikanischen Reben die Reblaus über England nach Frankreich eingeschleppt worden. 1863 stellte man in französischen Weinbergen die ersten größeren Schäden fest. 1870 war Österreich, 1883 Italien an der Reihe, 1895 hatte das Tier seine verheerende Wirkung auch auf die deutschen Weinberge ausgedehnt. Alle Bekämpfungsmaßnahmen erwiesen sich als fruchtlos. Erst durch die Kreuzung europäischer Rebsorten mit reblaus- und mehltauresistenten amerikanischen Rebstöcken bekamen die Winzer ein wirksames Gegenmittel in die Hand.

Wohl zu allen Zeiten wurde in Deutschland nicht nur der an Ort und Stelle angebaute, sondern auch importierter Wein getrunken. Bodenfunde haben sogar nachgewiesen, daß in Deutschland schon lange vor der Ausbreitung des Weinanbaues Wein konsumiert wurde. So fanden sich beispielsweise im Hof der Würzburger Festung Marienberg bei Ausschachtungsarbeiten zum Bau einer Abwasserleitung die Scherben von griechischen Trinkschalen und einem großen Mischkrug aus der Zeit um 500 v. Chr. Die Scherben erlauben den Schluß, daß in Würzburg schon vor 2500 Jahren griechischer Wein getrunken worden sein muß. Ähnliche Funde wurden auch bei Ausgrabungen auf dem Kühtränkerkopf bei Rüdesheim am Rhein gemacht. In einem keltischen Fürstengrab entdeckten die Ausgräber eine griechische Weinflasche aus Ton, die aus der Zeit um 400 v. Chr. stammt.

Boden und Klima, Lage und Rebsorte

Viele Faktoren müssen zusammenwirken, um den Charakter des Weins zu prägen – in erster Linie Boden und Klima. Aber nirgendwo in der Welt verlangt die Rebe soviel Zucht und Wartung, soviel Ausdauer und Geduld wie bei uns. Und nirgendwo muß sich die Rebe selbst so anstrengen, Frucht zu tragen, wie in Deutschland. Dabei können sich die auf deutschen Böden gewachsenen Trauben an Größe und äußerem Glanz nicht annähernd mit Trauben aus südlicheren Weinbaugebieten messen. Sie sind viel unscheinbarer und kleiner. Aber für die Weinbereitung sind sie ideal durch ihre Harmonie von Süße und Frucht. Das ist ihr Geheimnis.

Eleganz und Süße des Weins steuert das Klima. Für die Würze ist der Boden verantwortlich, auch für Duft und Aroma, Kraft- und Wirkstoffe, für die unerläßliche fruchtige und feine Säure. Art und Charakter aber werden durch die Rebsorten bestimmt.

Vier, zehn, ja fünfzehn Meter tief senkt die Rebe bei uns ihre Wurzeln in die Erde, in den felsigen Boden. Ob Schiefer, Fels, Buntsandstein, Muschelkalk oder vulkanischer Untergrund, ob Basalt oder Porphyr, ob Letten oder Löß – immer beeinflußt der unterschiedliche Boden den Weincharakter. Rassig und pikant sind die Weine vom Schieferboden, feuriger und wuchtiger formt sie das vulkanische Gestein, weicher sind Weine, die auf tiefgründigem Boden oder auf Muschelkalk gewachsen sind.

Die Rebe gehört zu den anspruchsvollsten Kulturpflanzen der Erde. In der Regel gedeihen Trauben am besten in 100 bis 400 m Seehöhe. In klimatisch bevorzugten Gebieten steigt der Weinstock jedoch auch bedeutend höher hinauf, wie hier im Rhônetal bei Sitten (Sion) in der Schweiz, wo Reben auf kühn angelegten Terrassen in 800 m Höhe einen ausgezeichneten Wein hervorbringen.

Auf Quarz- und Schiefergestein gedeihen beispielsweise die schweren Weine des Rheingaues. Schiefer, vereinzelt aber auch Tuffstein, Basalt und Lava bestimmen den Charakter der Mosel- und Ahrweine. Kalk, Muschelkalk, Rotsandstein und Keuper bilden die typische Unterlage für Frankenweine. Kalk, Rotsandstein und Granit sind für Rheinhessen charakteristisch. Die Weinberge der Nordpfalz stehen auf Porphyr, Tonschiefer, Kalk und Lehm.

Gleichgültig, welchen Boden der Winzer vorfindet – jeder Untergrund muß dem Rebstock ausreichend Nährstoffe, vor allem Kali und Phosphorsäure, bieten; er muß mit Mineralsalzen oder Stallmist gut gedüngt und sorgfältig bearbeitet sein. Die Rebe gehört zu den anspruchsvollsten Kulturpflanzen der Welt.

Für den Weinanbau kommen, allgemein gesprochen, nur Landschaften mit warmem Klima in Frage, weil sonst die Trauben nicht ausreifen können. Die mittlere Monatstemperatur darf von April bis Oktober nicht unter 15 Grad Celsius fallen, die mittlere Jahrestemperatur soll zwischen 12 und 21 Grad Celsius betragen. Was darüber und darunter liegt, ist vom Übel.

Diese Voraussetzungen treffen für die deutschen Weinlande im allgemeinen zu. Sie dürfen sich, auf Deutschland bezogen, der höchsten durchschnittlichen Sommertemperaturen mit mehr als 19 Grad Celsius erfreuen. Die Winter sind nicht kalt. Flußspiegel reflektieren Sonnenstrahlen in die Weinberge und regulieren die Luftfeuchtigkeit. Die Rebe empfängt zwar bei uns nur selten soviel Sonne wie in den südlichen Weinländern, dafür ermöglicht das Klima aber eine besonders lange Reifezeit der Trauben. Die Lese erstreckt sich bis in den November. Das verschafft der Rebe genug Zeit, den Trauben die ganze Fülle der Würz- und Wirkstoffe des Bodens zuzuführen.

Die Sonne allein tut es aber nicht. Sie sorgt zwar für die unerläßliche Süße, für die Reife und nicht zuletzt auch für die Edelfäule, die Beeren- und Trockenbeerenauslesen gedeihen läßt, kann aber nicht immer ausgleichen, was andere Witterungseinflüsse angerichtet haben. Zum Beispiel sehen die Winzer einen zu warmen Vorfrühling gar nicht gern. Nasse Sommer schaden dem Weinbau. Spätfröste können erhebliche Schäden anrichten. Ausgedehnte, warme Sommer, sonnige Herbstmonate und milde Winter – das ist die ideale Weinwitterung. Aber auch sie kann nicht immer vorbildliche Jahrgänge garantieren. Zu viele Einflüsse der verschiedensten Art müssen zusammenpassen, wenn ein „Jahrhundertwein" geboren werden soll.

Nicht weniger wichtig als Boden und Klima ist die Lage des Weinbergs oder -gartens. Vier Faktoren spielen dabei eine Rolle. Da ist zunächst die Höhe über dem Meeresspiegel. Die meisten Weinberge liegen in Höhen zwischen 100 und 400 Meter über Seehöhe. In sonnenreichen Klimazonen, etwa auf Sizilien oder im Wallis, gibt es Weinbau auch in größeren Höhen, die gemäßigte Temperaturen und häufigere Niederschläge garantieren.

An zweiter Stelle ist die Exposition des Weinbergs zu nennen, seine Ausrichtung in eine bestimmte Himmelsrichtung. Ost- und Westlagen sind dabei verständlicherweise weniger günstig als Südlagen. Auch die Neigung des Weinbergs ist von Bedeutung – sie sorgt für den günstigsten Winkel zur Sonne. Je steiler, desto besser. Steile Weinberge verlangen freilich viel Handarbeit, verhindern weitgehend den Einsatz von Bearbeitungsgeräten. Deshalb werden Weingärten in ebenen Lagen immer beliebter.

Schließlich wirkt sich auch das Kleinklima auf den Weinanbau aus. Es wird z. B. beeinflußt durch die Nähe des Weinbergs zu Flüssen und Seen, Wäldern und Bergen. Wasserflächen sorgen für die nötige hohe Luftfeuchtigkeit und wirken als Sonnenspiegel, Anhöhen können schädliche Winde abhalten.

Etwa 8000 Rebsorten gibt es auf der Welt. Sie alle sind Abkömmlinge der Edelrebe mit dem botanischen Namen *Vitis vinifera Linné sativa*. Aber nur ein verschwindend geringer Bruchteil davon spielt im Weinbau eine Rolle. Es ist eine Wissenschaft für sich, die richtige Sorte zu wählen. Da von dieser Wahl Qualität und Quantität der Weinernte abhängen, muß sie gut bedacht werden. Die Ansprüche der einzelnen Traubensorten an Bodenbeschaffenheit, Klima und Pflege sind ebenso zu berücksichtigen wie die voraussichtliche Menge und Güte des Ertrags, wenn man ein Höchstmaß an Wirtschaftlichkeit erreichen will.

Jede Rebsorte verleiht dem aus ihr gekelterten Wein einen bestimmten Charakter. Der Rebsortenname auf dem Etikett ist deshalb, zumindest in Deutschland, ein wichtiger Hinweis. In anderen Weinländern ist das nicht so – entweder, weil der Name des Weins mit dem der Rebsorte gleichbedeutend ist, was etwa auf Lambrusco oder Muskateller, Veltliner oder Vernaccia zutrifft, oder weil der Wein stets aus mehreren Rebsorten bereitet wird, die dann nicht mehr genannt werden – beispielsweise beim Bordeaux, für den drei oder auch mehr Rebsorten verarbeitet werden.

Obwohl immer wieder Neuzüchtungen mit noch besseren Eigenschaften erprobt werden, halten sich die Weinbauern der ganzen Welt seit jeher an die bekannten Sorten. Die wichtigsten von ihnen faßt die Tabelle auf Seite 218 zusammen.

Nächste Doppelseite: Hier zeigen wir einige der verbreitetsten und wichtigsten Rebensorten.

Riesling: *Die wertvollste deutsche Qualitätsrebe ist seit dem 16. Jahrhundert bekannt. Sie ist kleinbeerig und würzig, reift erst spät und bringt rassige, elegante Weine hervor. Die deutschen Spitzenweine aus der Rieslingtraube genießen einen legendären Ruf und gelten als die besten Weißweine der Welt.*

Silvaner: *Er stellt weniger hohe Ansprüche als der Riesling, reift früher und liefert in geschützten, nicht zu trockenen Lagen große, volle Weine mit einem idealen Alkohol-Säure-Verhältnis. Die Spitzenerzeugnisse zeichnen sich durch besondere Harmonie, milde und pikante Würze aus und sind von einer unverwechselbaren Eigenheit.*

Weißburgunder: *Diese Traube liefert einen kräftigen, vollen Wein mit viel Blume und Charakter. Der berühmte Chablis beispielsweise wird aus der weißen Burgundertraube gekeltert, sie ist auch die wichtigste Grundlage der Champagner-Herstellung.*

Grüner Veltliner: *Diese Rebsorte wird vor allem in Österreich angebaut und liefert einen würzigen, angenehmen Wein, der in Österreich durch sein charakteristisches Bukett viele Liebhaber findet.*

Müller-Thurgau: *Hierbei handelt es sich um eine Kreuzung aus Riesling und Silvaner, die heute vor allem in Deutschland weit verbreitet ist. Sie reift früh und spendet einen milden, aber pikanten Wein mit charakteristischem Muskatanklang und niedrigem Säuregehalt.*

Gutedel: *Die besonders schmackhafte, auch als Tafeltraube beliebte Rebsorte ist in Baden weit verbreitet. Aus ihr werden säurearme, milde, süffige und harmonische Tischweine von zartem Aroma und lieblich-leichtem Charakter gewonnen. Auch in Frankreich kommt sie häufig vor und wird dort* ***Chasselas*** *genannt. In der Schweiz ist sie die bedeutendste Rebsorte überhaupt und hat dort je nach Kanton weitere Eigennamen wie* ***Fendant*** *oder* ***Dorin.***

Sauvignon blanc: *Diese Sorte ist vor allem in Frankreich, aber auch in Chile und in Kalifornien verbreitet. Sie liefert einen leichten und doch ausdrucksvollen, reinen Wein mit eigenwilligem Charakter.*

Ruländer: *Diese Rebsorte, wegen der grauroten Farbe ihrer Beeren auch* ***Grauer Burgunder*** *genannt* ***(Pinot gris),*** *wird in Deutschland vor allem im Badischen angebaut, ist aber auch in der Schweiz heimisch. Aus ihr gewinnt der Winzer vollmundige, schwere bis feurige Weine mit zartem Bukett. In Frankreich hat der Pinot gris große Bedeutung bei der Champagner-Bereitung.*

Blauer Spätburgunder: *Die edle Burgundertraube verlangt warme, tiefgründige Böden, sie nimmt unter den Rotweinreben die gleiche Spitzenstellung ein wie der Riesling unter den weißen. In Deutschland wird sie vor allem an der Ahr und in Baden angebaut, in der Schweiz und in Frankreich ist sie als* ***Pinot noir*** *bekannt. Die kleinen, würzigen Beeren dieser spätreifenden Traubensorte liefern einen edlen und feurigen Wein von unvergleichlich feinem Aroma.*

Gamay: *Diese Traube ist in der Schweiz und in Frankreich verbreitet, dort vor allem im Gebiet des Beaujolais. Die Weine sind frisch, haben viel Frucht und ein lebhaftes Bukett.*

Gewürztraminer: *Diese Sorte liefert kleine bis mittelgroße Trauben, die einen blumigen, vollen und würzigen Wein hervorbringen. Bekannt ist vor allem der Gewürztraminer aus dem Elsaß, wo die Traube weitverbreitet angebaut wird.*

Trollinger: *Diese Rebe ist fast eine schwäbische Spezialität, denn sie wird nur in Württemberg in erwähnenswertem Maße angebaut. Die großen, süßen Trauben ergeben einen angenehmen, herzhaften, frischen und süffigen Tischwein.*

Cabernet sauvignon: *Sie ist die Traube des roten Bordeauxweins und in dieser Region weit verbreitet. Dort wird sie mit den Weinen der Merlottraube und anderen Sorten zu den vornehmen Bordeauxweinen verschnitten. Auch in Australien und Chile ist diese edle Rotweintraube sehr beliebt.*

Riesling

Müller-Thurgau

Silvaner

Weißburgunder

Gutedel

Grüner Veltliner

Sauvignon blanc

Ruländer

Gewürztraminer

Blauer Spätburgunder

Trollinger

Gamay

Cabernet sauvignon

So grandios die vollendete Frucht des Weinstockes nach einem langen Wachsen und Gedeihen durchs Jahr hindurch ist, so bescheiden zeigt sich die Blüte im Frühsommer. Daß der Wein so spät blüht, hat seinen guten Grund: Sinkt die Temperatur in diesen Tagen unter den kritischen Punkt von 14 Grad Celsius, so hat dies entscheidende Auswirkungen auf den Ertrag der Reben.

Vom Weinberg in den Keller

Siebzehnmal muß der Winzer um jeden Rebstock gehen, sonst gerät der Wein nicht – das behauptet wenigstens ein alter Winzerspruch. Zu den bereits erörterten Faktoren Boden, Klima, Rebsorte und Weinbergslage kommt also noch ein fünfter: die Arbeit des Winzers. Der Rebstock entfaltet seine Kraft nur dann, wenn er umworben wird wie eine schöne Frau.

Fünf Jahre dauert es, bis ein neu gepflanzter Rebstock die ersten Erträge, den Jungfernwein, liefert. Dafür kann er aber auf dem richtigen Boden auch zwanzig bis dreißig Jahre alt werden. Die Stöcke werden in der Regel mit einem Abstand von 1 bis 1,2 Meter gesetzt. So haben auf einem Hektar rund 8000 Rebstöcke Platz.

Und weil wir gerade bei den Zahlen sind: Zwei Rebstöcke ergeben, rund gerechnet, eine Flasche Wein. Für jede Flasche Wein müssen also rund 750 bis 800 Beeren wachsen. Das gilt aber nur für die normale Weinlese. Bei Beerenauslesen etwa erhöht sich die Zahl erheblich.

Wingertarbeit ist auch heute noch schwere Handarbeit. Maschinen und moderne Geräte können nur in begrenztem Umfang eingesetzt werden. Die Rationalisierungsbestrebungen, in der Landwirtschaft erfolgreich und selbstverständlich, finden beim Weinbau ihre Grenzen in den oft steilen Hanglagen, in steinigen Böden und in der individuellen Pflege, die jeder Rebstock verlangt.

Das Arbeitsjahr des Winzers verläuft in einem Rhythmus, der sich seit Cäsars Zeiten kaum geändert hat, weil er vom Wachstumsrhythmus der Natur abhängt. Die Grab- und Hackarbeiten beginnen schon nach der Weinlese, wenn der Boden schwer ist und das Erdreich für den Winter durchlüftet werden muß. Im Mai, nach dem Austrieb, folgt das „Rühren" des Bodens. Es wird bis zur Weinlese noch zweimal wiederholt. „Brich jeglichen Boden drei-, viermal in des Jahres Verlauf, und die Scholle zermalme", forderte schon der römische Agrarschriftsteller Vergil.

Uralt sind die Vorschriften für das Düngen. In Rom gab es sogar einen eigenen Gott des Mistes, für so wichtig hielt man das Düngen der Weinberge, und dabei wurde, wie Columella bezeugte, der Eselsmist bevorzugt, weil „dieses Tier am langsamsten frißt und am gründlichsten verdaut".

Dazu kommt die Laubarbeit am Rebstock. Er würde auch ohne Beschnitt Frucht tragen. Aber der Ertrag eines wildwuchernden Weinstocks wäre bescheiden, und außerdem ließe sich aus den geernteten Trauben kein befriedigender Wein bereiten. Deshalb muß der Winzer einen großen Teil seiner Arbeitszeit auf das Schneiden, Binden, Ausputzen, Aufbinden, Ausgeizen und Gipfeln des Rebstocks verwenden. Nur das Rebholz darf stehenbleiben, das Frucht tragen soll, außerdem eine angemessene Menge Ersatzholz. Wann, wo und wie beschnitten werden muß, gehört zu den Geheimnissen der „Erziehungskunst" des Winzers.

Das ganze Jahr über muß der Winzer überdies sein Augenmerk auf die Schädlingsbekämpfung richten. Es gibt keinen Weinschädling, gegen den nicht ein Kraut gewachsen wäre, aber es bedarf ständiger Kontrolle und rechtzeitiger Gegenmaßnahmen, wenn nicht schwere Ertragsausfälle in Kauf genommen werden sollen.

Die Weinlese ist die Krönung des Weinjahres, aber nicht die geringste aller Mühen. Wenn die Trauben zu reifen beginnen, werden die Weinberge geschlossen. Außer dem Weinberghüter, der die Flur bewacht, darf niemand die Wingerte mehr vor der Lese betreten, wenn er nicht eine besondere Erlaubnis vorweisen kann. Die Trauben sollen in Ruhe ausreifen können. Jeder Tag Herbstsonne mehr bringt mehr Süße und damit mehr Qualität in die Beeren. Das Schließen der Weinberge soll aber auch verhindern, daß vorzeitig mit der Lese begonnen wird. Dieser Termin steht nicht im Belieben des einzelnen Winzers, er wird gemeindeweise von den „Herbstkommissionen" festgelegt.

Vor dem offiziellen Lesebeginn darf niemand ernten. Nach diesem Zeitpunkt kann jeder seine Trauben so lange am Stock lassen, wie es ihm beliebt. Über den Lesetermin sagt das Weingesetz: „Weintrauben dürfen erst gelesen werden, wenn sie unter Berücksichtigung der Witterung, der Rebsorte und des Standortes die in dem betreffenden Jahr erreichbare Reife erlangt haben." Die Herbstordnungen der einzelnen Bundesländer regeln, wie dieser Zeitpunkt festzustellen ist.

Selbstverständlich setzen die Herbstkommissionen den Lesetermin nicht auf gut Glück fest, sondern sie halten sich an meßbare Werte: an die Mostgewichte. Sie werden mit Hilfe der von dem Pforzheimer Physiker und Optiker Ferdinand Öchsle (1774 bis 1852) erfundenen Mostwaage bestimmt und nach Öchslegraden festgelegt. Eine Weiterentwicklung der Öchsleschen Senkspindel, das Handrefraktometer, erlaubt Mostmessungen sogar an einzelnen Beeren im Weinberg.

In normalen Jahren ist der Winzer zufrieden, wenn seine Moste zwischen 70 und 80 Grad Öchsle aufweisen und ihm damit harmonische, selbständige Weine versprechen. Gehaltvolle,

Weinbau bedeutet harte Arbeit das ganze Jahr hindurch. Oben links sehen wir das Aufpfropfen eines Schößlings. Oben rechts ein Winzer beim Rebschnitt. Unten links bricht der Winzer die Seitentriebe der Rebe aus. Unten rechts sehen wir den Weinbauern beim Hacken eines Weinberges zu. Nach so viel Mühe folgt im Herbst der Lohn: die Ernte der reifen Trauben, die Weinlese.

große Weine lassen sich bei Mostgewichten um 100 Grad Öchsle erwarten. In besonders guten Weinjahren steigen auch die Mostgewichte sprunghaft an. Zuviel des Guten ist indessen auch nicht viel wert. Der zuckerreichste Most, 1971 in Nußdorf an der pfälzischen Weinstraße festgestellt, hatte 326 Grad Öchsle. Daraus kann kaum noch ein trinkbarer Wein werden – der Zucker hindert die Weinhefe an der Arbeit, sie hat keine Kraft, Zucker in Alkohol zu verwandeln. Es kommt nur eine alkoholschwache, süße Brühe dabei heraus.

Aus den Öchslegraden läßt sich der erreichbare Alkoholgehalt errechnen. Bei Qualitätsweinen schreibt das Weingesetz mindestens 7 Prozent Alkohol vor. Sie entsprechen einem Most von 57 Grad Öchsle. Es läßt sich also beim besten Willen nicht behaupten, daß das Weingesetz hier besonders hohe Ansprüche stellt.

Der Arbeitsablauf bei der Weinlese achtet streng darauf, daß die Trauben sorgfältig und sauber geerntet werden. Leser und Leserinnen schneiden die Trauben ab und legen sie in die Lesekübel. Für Auslesetrauben steht ein besonderes Gefäß bereit. Im Legel, einer Art Kiepe, bringt der Träger die Ausbeute zu Tal. Dort werden die Trauben in die Zuber geschüttet und in die Kelter gefahren. Nur mindere Sorten pflegt man gleich am Weinberg durch die Traubenmühle zu drehen. Anspruchsvolle Gewächse werden ausnahmslos im Kelterhaus verarbeitet.

Weinlese und Kelterung, dargestellt im Freskenzyklus der Monatsbilder, hier der Oktober, im Castello del Buonconsiglio in Trient. Die Malerei stammt aus dem 15. Jahrhundert.

Auch nach der Weinlese wartet auf den Winzer noch viel Arbeit. Zunächst müssen die Trauben gepreßt werden, mit der Öchslewaage wird das Mostgewicht bestimmt, dann beginnt der Saft zu gären. Eine ständige Überwachung und Untersuchung des gärenden Mostes ist notwendig, wenn der Wein später eine harmonische Reife erlangen soll.

Vom Keltern des Weines

Nach Güte gesondert, wird das Lesegut noch am Tag der Lese zu Most verarbeitet. Zunächst müssen die Trauben zerkleinert, zu Maische gemacht werden. Das geschieht in der Traubenmühle, die das Lesegut – im allgemeinen mit Stumpf und Stiel, mit Saft, Schalen und Kernen – zu Brei zerkleinert. Nur besonders anspruchsvolle Sorten befreit man vor dem Zermahlen in der Abbeermaschine von den Stielen, die den empfindlichen Wein geschmacklich beeinträchtigen könnten.

Ein Teil des Mostes läuft schon nach dem Vermaischen ab – der Vorlauf. Häufig verwendet man Entsaftungsmaschinen, die diesen Vorgang beschleunigen und das anschließende Kelterverfahren abkürzen.

Die Kelter ist eine Presse, die den Most von der Maische trennt und nur die Trester oder Treber zurückläßt. Früher mühte man sich mit hölzernen, handbetriebenen Keltern ab, die zugunsten moderner hydraulischer Pressen längst in die Museen gewandert sind. Der Most wird in großen Bottichen aufgefangen und in die Gärfässer geleitet.

Dieses Verfahren gilt für Weißwein. Beim Rotwein läßt man den Most zunächst ungekeltert auf der Traubenmaische stehen. Bei der Gärung löst sich die rote Farbe der Weinbeeren und geht in den Most über. Zugleich bekommt der Wein durch dieses Verfahren den jedem Rotwein eigenen leichten Tanningeschmack. Nach etwa acht Tagen wird gekeltert. Die weitere Verarbeitung gleicht weitgehend der des Weißweins.

Blick in den Weinkeller des Klosters Muri bei Bozen in Südtirol. Hier wird der Wein noch auf traditionelle Weise in Holzfässern ausgebaut, während in den großen Genossenschaftskellereien meist Tanks aus Stahl oder Glasfiber verwendet werden.

Im Keller entwickelt sich der Most zu Wein. Hefepilze verwandeln den Zucker in Alkohol. Während der Hauptgärung, die etwa acht bis zehn Tage dauert, rumort und braust der Wein im Faß. Der Zucker wird bis auf einen Rest abgebaut. Neben dem Alkohol verbleiben nur noch geringe Mengen Glyzerin, Weinsäure, Milchsäure, Apfelsäure, Bernsteinsäure und höherwertige Alkohole im Wein. Eiweiß- und Pektinstoffe werden abgeschieden, sie bilden mit der Hefe und etwaigen Schwebstoffen, dem Trub, das sogenannte Weingeläger, von dem der Wein zur Nachgärung in andere Fässer abgezogen wird.

In diesem Zustand nennt man den Wein Sauser, Suser, Brausemost, Bitzler oder Federweißen und erlaubt sich eine erste Probe. Während der nun folgenden längeren Nachgärung beginnen sich Bukett und Blume des Weines zu entwickeln. Er scheidet ein zweites Geläger aus, das diesmal hauptsächlich aus Weinstein und Heferückständen besteht. Dann wird der Jungwein abgestochen, das heißt, auf große Lagerfässer umgefüllt.

Nach der notwendigen Kellerbehandlung – von ihr wird noch die Rede sein – ist es dann endlich soweit, daß der Wein auf Flaschen abgezogen werden kann. Eigentlich ein ganz einfaches Verfahren – möchte man meinen. Aber der Wein ist ein Lebewesen, keine sterile Chemikalie. Er entwickelt sich durchaus nicht immer so, wie man es vorausberechnet hatte. Sogar Wein des gleichen Jahrgangs, der gleichen Lage, der gleichen Rebsorte, des gleichen Lesebeginns und der gleichen Kellerbehandlung entwickelt sich unterschiedlich, wenn man ihn in verschiedene Fässer abfüllt. Immer wieder muß der Kellermeister das Zwischenergebnis prüfen und seine Behandlung des Weins individuell darauf abstimmen. Es gibt keine Patentlösung, aber immer wieder Überraschungen. Die Kenntnis der Naturgesetze tut es nicht allein.

Von der Kunst des Kellermeisters

„Wer ein Weinglas sieht, um sich gleich danach seines Inhaltes zu erfreuen, findet nicht, daß sich darin Natur, Technik und Sozialökonomie spiegeln. Er will und soll das auch gar nicht sehen. Er mag sich daran freuen, wenn der Jahrgang und die Lage ihm schmecken." Wer das zu Papier brachte, verstand etwas vom Wein, schrieb gelegentlich über ihn und stammte aus einem Weinort, dem württembergischen Brakkenheim: Theodor Heuss, einst Präsident der Bundesrepublik Deutschland.

Nicht erst die Pansch- und Zuckerungsskandale der letzten Jahre haben manchen Weinfreund verstört. Muß das denn nun wirklich sein, dieses Manipulieren und Schönen, Verbessern und Klären? Gewiß gibt es Weine, die mit einem Minimum an Kellermeisterkunst auskommen. Die weitaus meisten Tropfen aus deutschen Kellern verlangen jedoch, um dem Geschmack der Masse der Weintrinker gerecht zu werden, eine nachhelfende Behandlung – eben das, was Theodor Heuss als „Technik" apostrophierte.

An einem trüben Wein beispielsweise hätte niemand Freude. Von Natur aus gibt es aber keinen klaren Wein – schon der Traubenmost enthält erhebliche Mengen an Schwebstoffen, die ihn zu einer trüben Brühe machen. Also wird mit technischen und chemischen Mitteln nachgeholfen: Separatoren und Filter halten Schwebstoffe zurück, chemische Mittel fällen sie aus. Überdies sorgt die Schwefelung dafür, daß der Wein haltbar wird.

Und das Zuckerproblem? Bevor die Kellertechnik zu einer Wissenschaft wurde, nahm man jeden Wein so hart oder mild hin, wie er aus dem Gärungsprozeß hervorging. Die Winzer der alten Schule waren froh, wenn die Hauptgärung möglichst schnell verlief, sie halfen bei kühler Witterung sogar noch nach und heizten die Gärkeller, um die Hefen vor dem „Einschlafen" zu bewahren. Das Ergebnis waren durchgegorene, meist herbe, kernige und oft auch harte Weine, bei denen der Zucker bis auf einen winzigen Rest vergoren war. Solche Weine waren früher beliebt – heute würde sie nicht einmal jemand trinken, der für trockene Weine schwärmt und jede zuckrige Nachhilfe ablehnt. Bei wertvollen Weinen mit hohem Mostgewicht ist der natürliche Zuckergehalt so hoch, daß nach vollendeter Gärung (bei 12 bis 13 Alkoholgraden stellt die Hefe ihre Arbeit ein) noch ein Rest unvergorenen Zuckers übrigbleibt. Bei vielen durchschnittlichen Weinen mit niedrigen Mostgewichten ist der Zuckergehalt aber zu gering. Es würde bei normalem Gärungsverlauf keine „Restsüße" verbleiben.

Bis 1979 war die sogenannte Naßzuckerung erlaubt. Dabei wurde der fertig vergorene Wein schlicht mit Zuckerwasser gestreckt und versüßt, und zwar bis zu 25 Prozent. Heute ist nur noch die Trockenzuckerung erlaubt, und zwar in der Bundesrepublik Deutschland, in Frankreich, Österreich und der Schweiz. Dabei darf entweder dem Most Zucker zugesetzt werden, der bei der Gärung zu Alkohol und Kohlendioxid vergärt, oder dem fertigen Wein, der nach der Zuckerung eine weitere Gärung durchmacht.

Wann und wie der Zuckerzusatz erfolgen darf, legen das EG-Weingesetz und die nationalen Weingesetze eindeutig fest. Die Zuckerung erreicht zweierlei: einen höheren Alkoholgehalt und eine angemessene Restsüße.

Es gibt auch andere Möglichkeiten, für die Restsüße zu sorgen. Beispielsweise kann man die Gärung vorzeitig stoppen, was mit Hilfe eines druckfesten Stahltanks geschieht. In ihm sorgt die Gärungs-Kohlensäure zu einem bestimmten Zeitpunkt dafür, daß die Hefe ihre Arbeit einstellt. Einen Gärungsstopp kann man auch erreichen, indem man die Hefe zum richtigen Zeitpunkt von dem noch gärenden Wein trennt. In beiden Fällen ist das Ergebnis allerdings nicht gut haltbar. Außerdem sind beide Verfahren relativ aufwendig und teuer.

Deshalb bevorzugen viele Kellermeister das Nachsüßen des fertigen Weines mit der soge-

nannten Süßreserve. Dabei handelt es sich um leicht angegorenen Most von gleicher Herkunft wie der zu verbessernde Wein. Oft werden aber auch konzentrierte Traubensäfte anderer Herkunft verwendet.
Schließlich gibt es auch noch die Möglichkeit, einen zu trockenen Wein mit einem lieblicheren zu mischen, ihn zu verschneiden oder zu verstechen.
Alle diese Verfahren dienen dazu, den Wein genießbar und verkäuflich zu machen, wobei Kellermeistern und Weinhändlern freilich der Publikumsgeschmack auch davonlaufen kann. Das zeigte sich in den letzten Jahren, als sich zwei Parteien von Weinfreunden zu bilden begannen. Die eine schwärmt für lieblichen Wein, die andere schwört auf trockenen. Dabei sind, wie Marktforscher festgestellt haben, die „Lieblichen" nach wie vor in der Mehrzahl. Unter den „Trockenen" gibt es aber, auch das wurde nachgewiesen, mehr regelmäßige Weintrinker und Weinkenner.
Der Gesinnungswandel vieler Weinfreunde hat die Fachleute dazu veranlaßt, mehr trockene, durchgegorene Weine als früher auf den Markt zu bringen. Dabei gilt als „trocken" nach dem Weingesetz schon ein Wein, der nicht mehr als 4 Gramm je Liter Restzucker enthält – oder nicht mehr als 9 Gramm Restzucker, wenn der Gesamtsäuregehalt höchstens um 2 Gramm je Liter niedriger ist als der Restzuckergehalt.
Mittlerweile gibt es auch noch einen „halbtrokkenen" Wein – Restzuckergehalt höchstens 18 Gramm je Liter, wobei der Gesamtsäuregehalt höchstens 10 Gramm je Liter unter dem Restzuckergehalt liegen darf. Das ist schon eher ein lieblicher Tropfen.
Fest steht jedenfalls, daß jeder den Wein finden

Trotz aller wissenschaftlichen Untersuchungsmethoden ist und bleibt doch der menschliche Gaumen das geeignetste und unbestechlichste Instrument zur Prüfung des Weins. In regelmäßigen Abständen führt der Kellermeister eine Probe durch, um Farbe, Reinheit und Geschmack des neuen Weins zu prüfen.

kann, der ihm behagt – durchgegoren oder mit höherer Restsüße. Und wer sich längere Zeit mit dem Wein beschäftigt, wird bald herausfinden, daß Süße und Säure gleichermaßen am Charakter des Weines beteiligt sein müssen, wenn der Tropfen schmecken soll.

Die Einhaltung der Verbesserungs- und Verschnittvorschriften sind laut Weingesetz streng zu überprüfen. Panscher müssen sich auf Strafen gefaßt machen. So streng wie vor Jahrhunderten geht die Obrigkeit heute allerdings nicht mehr vor. Vor 275 Jahren wurde in Stuttgart dem Weinpanscher Hans Jakob Erni „zu wohlverdienter Straf in allhiesiger Residenzstadt der Kopf abgeschlagen, auch die von dergleichen verbotenen Weinkünsten zusammengeschriebenes Büchlein aboliert und durch den Henker öffentlich verbrannt".

Im Gegensatz zu manchem zerstörenden Einfluß auf die Trauben durch allerlei Schädlinge oder Krankheiten schätzt der Winzer die durch Schimmelbefall entstandene Edelfäule durchaus. Wenn die bereits ausgereiften Trauben in nebeligen Herbsttagen von einer weißgrauen Schimmelschicht überzogen werden, wird die Beerenhaut brüchig, und ein Teil des Traubensaftes entweicht. Mit ihm aber auch Wasser und Säure, so daß der Ertrag zwar gering, Konzentration des Mostes und Zuckergehalt aber höher werden. Aus diesen gesondert gekelterten, edelfaulen Trauben reifen dann die wertvollsten Weine heran, die Trockenbeerenauslesen, für die Liebhaber bereit sind, enorme Preise zu bezahlen. Unser Bild zeigt Edelschimmel an Furminttrauben aus der berühmten Tokaj in Ungarn.

Die Lesearten: Weine mit Prädikat

Das Weingesetz unterscheidet grundsätzlich zwei Arten von Weinen: den schlichten Tafelwein, der aus Weinen verschiedener Jahrgänge, Rebsorten und Weinbaugebiete gemischt sein kann (dazu gehört seit 1982 auch der Landwein als eine Art „gehobener Tafelwein"), und den Qualitätswein, der nur aus Trauben eines bestimmten Anbaugebietes bereitet werden darf und zu mindestens 85 Prozent aus einem Jahrgang und einer Rebsorte stammen muß. Beim Qualitätswein, der amtlich geprüft und mit einer Prüfungsnummer gekennzeichnet wird, sind zwei Untergruppen zu unterscheiden: Qualitätsweine bestimmter Anbaugebiete (Q.b.A.), deren Moste mit Zucker angereichert werden dürfen, und Qualitätsweine mit Prädikat, bei denen jede Zuckerung verboten ist.

Folgende Prädikate sind zugelassen:
Kabinett: Der Wein muß die Voraussetzun-

gen für einen Qualitätswein erfüllen und eine Prüfung bestehen. Das Mostgewicht muß mindestens 73 Grad Öchsle aufweisen.

Spätlese: Sie muß die Kabinett-Bedingungen erfüllen und aus Trauben bereitet werden, die „in einer späten Lese und in vollreifem Zustand" geerntet wurden. Mostgewicht mindestens 85 Grad Öchsle. Für Spätlesen kommen im allgemeinen nur spätreifende Sorten wie Riesling, Traminer, Ruländer und Spätburgunder in Betracht.

Auslese: Bedingungen für Kabinettwein, außerdem muß es sich um vollreife Weintrauben „unter Aussonderung aller kranken und unreifen Beeren" handeln. Mostgewicht mindestens 95 Grad Öchsle.

Beerenauslese: Außer den allgemeinen Kabinettwein-Bestimmungen ist vorgeschrieben, daß für die Weine mit diesem Prädikat nur „edelfaule oder wenigstens überreife Beeren" verwendet werden dürfen. Mostgewicht mindestens 125 Grad Öchsle.

Trockenbeerenauslese: Dieses Prädikat steht Weinen zu, die aus weitgehend eingeschrumpften edelfaulen Beeren gewonnen wurden. Mostgewicht in diesem Fall: mindestens 150 Grad Öchsle.

Außerdem gibt es noch den Eiswein, der aus gefrorenen Beeren gekeltert wird und im übrigen die Bedingungen eines der aufgezählten Prädikate erfüllen muß.

Alle Mühe des Weingärtners und alle Kunst des Kellermeisters sind umsonst, wenn der auf Flaschen abgefüllte Wein nicht richtig gelagert wird. Eine Lagertemperatur von 8 bis 10 Grad Celsius ist ideal. Der Keller sollte keinen allzugroßen Temperaturschwankungen unterworfen sein. Die Korken müssen stets von Wein umspült sein, das heißt, die Flaschen sind waagerecht zu lagern. Die Lagerdauer ist von Sorte zu Sorte sehr unterschiedlich. Hier hilft eigentlich nur gelegentliches Probieren, um herauszufinden, wann sich ein Wein seinem Höhepunkt nähert. Auf jeden Fall sollte ein Wein ruhig lagern.

Die Visitenkarte des Weins

Das Etikett ist Visitenkarte, Geburtsurkunde und Personalausweis des Weines zugleich. Welche Angaben es enthalten muß und darf, ist gesetzlich vorgeschrieben, so daß man sich in der Regel auf seine Authentizität verlassen kann – falsche Personalausweise kommen beim Wein ebenso selten vor wie im Paßwesen. Ganz allgemein ist es verboten, Wein unter einer irreführenden Bezeichnung, Angabe oder Aufmachung anzubieten.

Genau festgelegt ist im Weingesetz, welche besonderen Qualitätsbezeichnungen unter welchen Umständen erlaubt sind und welche nicht. Daraus folgt, daß der Wein alle die Merkmale *nicht* hat, die auf dem Etikett fehlen. Denn selbstverständlich ist jeder Weinerzeuger bemüht, seinen Wein möglichst hoch zu qualifizieren. Niemand wird auf den Gedanken kommen, eine auf „preisfördernde" Eigenschaften des Weins hinweisende Angabe auf dem Etikett wegzulassen.

Zu unterscheiden ist zwischen vorgeschriebenen Angaben einerseits, empfohlenen oder zulässigen andererseits. Zur ersten Kategorie gehören die Angabe der Qualitätsstufe (z. B. Tafelwein, Qualitätswein mit Prädikat, Appellation d'origine contrôleé), der Anbauregion (z. B. Rheinpfalz, Sizilien, Burgund), des Ursprungslandes und der Inhaltsmenge in Liter, des Abfüllers oder Herstellers. Dazu kommt in Deutschland die amtliche Prüfungsnummer, die für Qualitätsweine bestimmter Anbaugebiete (Q.b.A.) und Qualitätsweine mit Prädikat (z. B. Auslese, Spätlese, Beerenauslese) vorgeschrieben ist.

Nicht aus einem EG-Land stammende Weine müssen die Bezeichnung „Wein" auf dem Etikett führen, ferner den Namen des Importeurs, das Erzeugerland und, bei Abfüllung in einem EG-Land, den Namen des Abfüllbetriebes.

Empfohlen oder zulässig sind darüber hinaus Angaben über den Erntejahrgang (dann muß der Wein zu mindestens 85 Prozent aus diesem Jahrgang stammen), über den oder die Rebsorten (auch sie müssen 85 Prozent des Flascheninhalts bestreiten) und über die Weinbergslage, ferner Geschmacksangaben wie trocken oder halbtrocken (beide entsprechend den gesetzlichen Vorgaben), lieblich oder herb. Werbende Zusatzhinweise (z. B. Diabetikerwein, Weißherbst, Faßnummer, Hinweise auf Prämiierungen) sind ebenfalls erlaubt.

Ein Tafelwein könnte also etwa folgendermaßen gekennzeichnet sein: „Deutscher Tafelwein, 1980er Winzerfreude, Rhein, Silvaner, Abfüller: Weinkellerei Bacchus". Jahrgang, Weinbaugebiet und Rebsorte müssen wegfallen, wenn die entsprechenden Voraussetzungen nicht vorliegen.

Für einen Prädikatswein wäre dagegen folgendes Etikett möglich: „Qualitätswein mit Prädikat, 1979er Reichelsheimer Sonnenberg, Spätlese, Silvaner, A.-P.-Nr. 001/228/067/80, Abfüller: Weinkellerei Bacchus, Weinbaugebiet Rheinpfalz".

Noch ein paar Worte zur Weinkarte: Normalerweise werden die Weine nach Herkunftsländern und unterteilt nach Anbaugebieten aufgeführt, und zwar getrennt nach Weiß- und Rotweinen. Die Rangstufenordnung stützt sich auf die Qualität der Weine und damit auf ihren Preis. Die anspruchsloseren Weine stehen also am Anfang, die kostbareren am Schluß. Oft wird die Karte eingeleitet mit einer Aufzählung der Schoppenweine. Hinweise auf Aussehen, Geruch und Geschmack sind auf Getränkekarten ausdrücklich erlaubt. Die Bezeichnungen „naturrein" oder „ungezuckert" haben dagegen weder auf Etiketten noch auf Weinkarten etwas zu suchen.

Denken Sie daran, was der Weinkenner Carl Zuckmayer von der Weinkarte sagte, wenn Sie wieder einmal nach dem passenden Wein zu einer Restaurantmahlzeit suchen: „Weinkarte, wenn mit Phantasie gelesen, ist fast so schön wie wirklich voll gewesen."

Früher, in der guten alten Zeit, waren Weinfässer nicht selten wahre Schmuckstücke, wie dieser geschnitzte Faßboden beweist, der heute im Weinmuseum zu Speyer aufbewahrt wird.

Wein und Gesundheit

Wenn zwei Weingläser beim Anstoßen verheißungsvoll klingen, wenn Weintrinker und Weintrinkerin einander feierlich zunicken und „Zum Wohl" murmeln, dann sprechen sie das offenbar in der felsenfesten Gewißheit aus, daß der edle Tropfen ihnen tatsächlich zum Wohl gereichen wird. Oder hört der Skeptiker bei diesem Trinkspruch einen beschwörenden Unterton, vielleicht gar ein angedeutetes Fragezeichen heraus?

Die Wissenschaft ist, wie nicht anders zu erwarten, diesem Fragezeichen mit dem ihr eigenen

Perfektionismus nachgegangen. Ausgerechnet die Untertanen der englischen Königin, die weinselige Gewächse nur mit sehr mäßigem Erfolg auf eigenem Grund und Inselboden heranziehen können, starteten einen großangelegten Alkoholversuch. Vermutlich hatten sie dabei das Weindestillat namens „Brandy" und alten schottischen Whisky im Auge, wodurch die Nachricht für Weintrinker aber nichts von ihrer Tröstlichkeit verliert. Nach einem zehnjährigen Mammut-Test mit 1400 britischen Beamten scheint der Verdacht gerechtfertigt, daß mäßiger Alkoholgenuß die Lebenserwartung erhöht. Mäßig, das heißt 34 Gramm Alkohol täglich, das heißt für den Weinliebhaber etwa ein halber Liter. Die Biochemie knobelte auch gleich einen komplizierten Grund für diesen lebensverlängernden Weineffekt aus: Geringe Alkoholmengen erhöhen im Blut den Anteil bestimmter Fette mit der Bezeichnung „Lipoproteine hoher Dichte", oder einfacher im Abkürzungsamerikanisch „HDL" (High Density Lipoproteins). Sie sollen die Schutzheiligen gegen Arteriosklerose sein.

Der Skeptiker mag weiter die Stirn runzeln, mißmutig den Kopf schütteln und darauf hinweisen, daß mäßige Trinker sich ganz einfach durch einen ausgeglicheneren Charakter auszeichnen und deshalb weitgehend gegen psychosomatische Wehwehchen immun sind. Der Weintrinker wird gedankenvoll sein Glas in den Händen drehen und darauf bestehen, daß sein Tropfen, in mäßigen Mengen genossen, eine die Gesundheit fördernde Wirkung entfaltet. Schließlich ist Maßlosigkeit jeglicher Art schädlich, das gilt nicht nur für den Wein. Wer zuviel Fett, Salz oder Kopfschmerztabletten zu sich nimmt, wird auf die Folgen nicht lange warten müssen. Zum Wohl also. Und der Wein ist schließlich nicht einfach irgendeine Form von Alkohol, sondern mehr als das. „Natürlich bin ich mir klar über die Schäden, die der Alkohol anrichten kann", sinnierte der Heidelberger Professor Dr. W. Erb. „Wenn ich aber diesen herrlichen Wein vor mir schlechthin als Alkohol bezeichnen müßte, es käme mir vor, als wenn ich zu meiner Geliebten sagte: Du Wirbeltier!"

Wein verlängert das Leben, das wußte schon der Altvordere, der das deutsche Sprichwort „Der Wein ist die Milch der Greise" erfand. Wein hilft gegen Schlaflosigkeit, versicherte der persische Nationaldichter Hafis: „Wein ist Arznei für den Schlaf: Bringe denn, lieblicher Arzt, noch einen Becher voll Traum." Wein macht schön, das kann man schon im „Parzival" nachlesen. Wein richtet die gesunkenen Kräfte des Körpers schnell wieder auf, dieser Meinung war der römische Naturwissenschaftler Plinius. Wein bedeutet eine Mineralanreicherung für die Gewebe, vor allem für Leber und Muskeln. Das stellte der Mainzer Professor Kliewe fest, nach dessen Untersuchungen der Wein „in glücklichen Lösungs- und Mischungsverhältnissen Spuren bis ins Gewicht fallende Mengen von fast allen körperaufbauenden Substanzen enthält". Und ein Herz- und Kreislaufspezialist machte bei mäßigem Weingenuß „einen außerordentlich günstigen Einfluß auf das Blutdruckniveau" aus.

Man sieht also, die Menge macht's. Wer zu tief in die Kanne steigt, der hat am nächsten Tag den Kater im Genick. Kurt Kusenberg faßte das so zusammen: „Wer verkatert ist, hat zuviel getrunken oder durcheinander getrunken. Oder er hat auf nüchternen Magen oder in depressivem Zustand getrunken, oder hat schlechtes Zeug getrunken. Oder er hat (um den schlimmsten Fall anzunehmen) in depressivem Zustand auf nüchternen Magen zuviel schlechtes Zeug durcheinander getrunken."

Die Rebflächen um das Liebfrauenstift zu Worms haben dem wohl berühmtesten deutschen Wein, der „Liebfrauenmilch", ihren Namen gegeben. Heute ist die „Liebfrauenmilch" ein Typenwein, der für Weine aus den Anbaugebieten Rheinhessen, Rheinpfalz und Nahe geschützt ist und ganz bestimmte Merkmale aufweisen muß. Nächste Doppelseite: Ediger, ein malerisches Weinstädtchen an der Mosel.

Die deutschen Weinbaugebiete

Elf Weinlandschaften unterscheidet der Fachmann (und das Weingesetz) im Gebiet der Bundesrepublik Deutschland. Die meisten von ihnen dehnen sich am Rhein und seinen Nebenflüssen aus. Jedes Weinbaugebiet hat seine Besonderheiten, seine Geschichte, seine großen Lagen, seinen Platz auf der Weinkarte. Manche Weinlandschaft ist international berühmt, manche andere wissen nur die Kenner im Lande gebührend zu schätzen. Hier gedeihen die großen Kreszenzen, dort pflegt man einen süffigen Pokulierwein. Nicht jeder Wein darf einem der „großen" Gebiete zugerechnet werden. Seit 1971 ist das nur noch für Qualitätsweine erlaubt. Hier ein kurzer Spaziergang durch die elf Weinbaugebiete.

Ahr: Das Ahrtal gilt als das deutsche Rotweinparadies. Mehr als die Hälfte der Rebfläche ist mit roten Rebsorten besetzt. Dabei steht der Portugieser vor dem blauen Spätburgunder an der Spitze. Ahrweine sind mollig und von guter Art. Oft reifen edle, samtige und weiche Spitzenweine auf den Blauschieferböden der Weinhügel. Die Legende berichtet, Petrus in eigener Person habe das Tor zum Ahrtal aufgeschlossen und nach einer ausführlichen Kostprobe Ahrburgunder vergessen, den Schlüssel wieder mitzunehmen. So blieb das Tal dem Zustrom der weinfrohen Besucher geöffnet. Nirgends drängen sich die Gaststätten und Straußwirtschaften in solcher Menge auf so engem Raum zusammen wie hier. „Wer an der Ahr war und weiß, daß er da war, der war nicht an der Ahr", sagt ein alter Spruch.

Hessische Bergstraße: Im kleinsten, klimatisch besonders begünstigten deutschen Anbaugebiet dominiert der Weißwein. Rieslingtrauben stehen dabei an der Spitze. Von der Bergstraße kommen frische, saftige Weine, die vor allem an Ort und Stelle, rings um Heppenheim, Bensheim und Umstadt, geschätzt sind.

Mittelrhein: Das rund 1000 Hektar große Gebiet reicht vom Siebengebirge bis zur Nahemündung. Beiderseits des Rheins wachsen herzhafte Tropfen mit rassigem Unterton. Die Rieslingweine dieser romantischen Landschaft mit ihren burgengekrönten Weinbergen sind von feinblumiger Art, viele zeichnen sich durch mandelartige Würze aus. Früher war die Weinbergfläche in diesem Gebiet doppelt so groß. Krankheiten ließen den Ertrag zurückgehen, ansteigende Bebauungskosten in den schwer zugänglichen Steilhanglagen machten den Weinbau unwirtschaftlich.

Mosel: Im drittgrößten deutschen Weinbaugebiet geben Rieslingtraube und Schieferboden dem Wein Rasse und Frische, Blume und feine Säure. Bei aller Variation in Lage und Jahrgang sind die Weine der Mosel bald leicht und lieblich, bald kräftig und kernig, bald spritzig und stahlig bis hinauf zu den edelsten Gewächsen. Duftig und besonders fruchtig sind die Weine von der Saar, pikanter, zugleich aber auch herzhaft-erdig und voller Würze die vom Ruwer. Das Herz des Weinbaugebietes liegt an der Mittelmosel, zwischen Trittenheim und Traben-Trarbach. Hier treffen die günstigsten Bodenverhältnisse mit der wärmespeichernden, temperaturausgleichenden Funktion der Mosel zusammen. Weltberühmte Weine sind das Ergebnis dieser idealen Ehe. Freilich: In keinem anderen Gebiet liegen hervorragende und mittelmäßige Lagen so dicht beieinander wie an der Mosel. Daran ist nicht zuletzt der Fluß selbst schuld mit seinen Windungen.

Nahe: Die Weine des Nahegebietes wachsen in der Nachbarschaft von Mosel und Rhein. Kein Wunder, daß sie die charakteristischen Merkmale beider Nachbarn in sich vereinen. Nahewein ist meist ein sehr charmanter Wein, der sowohl kernig, männlich und frisch als auch edel, angenehm und reif auftreten kann. Diese reizvolle Verschiedenheit ist in erster Linie auf wechselnde Bodenverhältnisse zurückzuführen, was die Bekanntschaft mit dem Nahewein oft etwas problematisch macht.

Rheingau: Er ist eines der kleinsten deutschen Weinbaugebiete – aber seine Weine sind groß. Hier wachsen die besten Weißweinkreszenzen der Welt. Alle Faktoren passen hervorragend zusammen: Der Rhein, der sonst von Süden nach Norden fließt, ändert auf einer Strecke von 36 Kilometern seinen Lauf und fließt von Osten nach Westen. Der Taunus hält wie ein Schutzriegel die kalten Winde und den zu ausführlichen Regen ab. Die Rebenhänge liegen genau im richtigen Winkel zur Sonne und zum Sonnenreflex des hier fast zwei Kilometer breiten Stromes. Warmer Schieferboden nimmt in vielen Weinberglagen die Sonne auf und fördert das Reifen der Trauben. Der größte Teil der Ertragsfläche ist mit Rieslingreben besetzt – Müller-Thurgau und Silvaner spielen nur eine bescheidene Rolle. Alle diese Komponenten sorgen für vornehme, duftige und vollmundige Weine, in denen sich Reife und Säure, feine Süße und fruchtige Eleganz zu edlem Einklang paaren. Die großen Weingüter von heute waren einst Klosterbesitz. Aus der Klosterzeit, so berichtet die Legende, stammt auch die Entdeckung, daß man aus edelfaulen, überreifen Trauben einen besonders delikaten Tropfen keltern kann: die Trockenbeerenauslese.

Rheinhessen: Günstiges Klima und wechselnde Bodenverhältnisse sorgen im zweitgrößten deutschen Weinbaugebiet für eine vielfältige Skala, die vom schlichten Tafelwein bis zum wertvollen Spitzengewächs reicht. Neben kernig-gehaltvollen und eleganten Weißweinen gedeihen in Rheinhessen auch vorzügliche Rotweine. Ihr Grundton ist heiter, lieblich-mild und ausgeglichen. Müller-Thurgau- und Silvaner-Reben stehen im Vordergrund. Die Weinkultur im rheinhessischen Bereich ist uralt. Schon im Nibelungenlied ist von dem Wein die Rede, den man am Hof zu Worms trank, vom „guoten win, den besten, den man kunde vinden umben Rin".

Rheinpfalz: Die Weinkarte des größten deutschen Weinlandes wird bestimmt von einer Vielfalt, die jeden Geschmack zufriedenstellt. Bestrickend milde und frische Schoppenweine, gehaltvolle Gewächse aller Qualitätsstufen und erlesene Prädikatsweine voll Adel und Rasse erfüllen beinahe jeden Wunsch. Weinort reiht sich an Weinort entlang der Deutschen Weinstraße von Schweigen bis Bockenheim: ein unübersehbares, endloses, bis zu fünf Kilometer breites Rebenmeer liefert Weine mit klangvollen Namen aus „des Reiches Weinkeller" ebenso wie preiswerte Pokulierweine aus sonnigen Lagen. Müller-Thurgau und Silvaner stehen dabei im Vordergrund. Auch Rotwein wird hier erzeugt.

Franken: Die Weine Frankens, bevorzugt aus der Silvaner- und Müller-Thurgau-Rebe, schmecken nach dem Boden, auf dem sie wachsen. So individuell wie die Form der Flaschen, in die sie abgefüllt werden – wer hätte noch nie vom Bocksbeutel gehört –, ist auch der Wein von den Hängen des Mains und vom Fuß des Steigerwaldes. Frankenweine sind teils kraftvoll und erdhaft, teils frisch und rassig, teils schwer und gehaltvoll. Wieder andere, besonders die großen Spitzen, dürfen die Prädikate

duftig und edel für sich beanspruchen. Franken ist heute eines der kleinsten deutschen Weinbaugebiete. Im Mittelalter war es mit 40000 Hektar Rebfläche das größte. Der Rückgang war auf die klimatische Benachteiligung Frankens, auf Kriege, Schädlinge und Krankheiten zurückzuführen, aber auch darauf, daß die fränkischen Weine nach der Eingliederung der Pfalz in Bayern mit den Pfalzweinen konkurrieren mußten. Dabei schnitten sie nicht immer gut ab.

Württemberg: In diesem Weinbaugebiet ist der Weinkonsum pro Kopf der Bevölkerung am größten in ganz Deutschland. Ob rote oder weiße Gewächse, stets trinkt der Württemberger selber seine Weine besonders gern – Württemberg ist das Paradies der Viertelestrinker, die von ihrem Wein mehr verstehen als mancher Experte. Auf den Talhalden des Neckars und seiner Nebenflüsse, im Taubertal und am Albtrauf wachsen kräftige, frische, mundige und auch auserlesene Weine von feiner und harmonischer Art. Württemberg ist der größte Rotweinerzeuger des Bundesgebietes, mehr als die Hälfte der Anbaufläche ist mit Rotweinreben besetzt. Trollinger und Portugieser stehen dabei im Vordergrund.

Baden: Dieses Gebiet, vom Taubergrund bis zum Bodensee reichend, gehört zu den vielseitigsten Weinbaugebieten der Bundesrepublik. Glutvoll und vollblumig sind die Weine vom Kaiserstuhl, frisch und fruchtig die Weiß- und Rotweine der Badischen Bergstraße und des Kraichgaues, elegant und würzig die der Ortenau und der Bühler Gegend, lieblich die des Markgräflerlandes und des Breisgaues, kernig die Seeweine um Meersburg am Bodensee. Über die Grenzen des Landes hinaus sind vor allem die Weine vom Kaiserstuhl bekanntgeworden. Sie wachsen auf Lavagestein und hitzigen Lößböden in einer der sonnenreichsten Landschaften Deutschlands – die mittlere Jahrestemperatur liegt hier bei 10 Grad Celsius. Der größte Teil der badischen Weinernte wird von Winzergenossenschaften vermarktet.

Die europäischen Weinbauländer

Der Rebstock stammt zwar nicht aus Europa, aber die europäischen Weinbauländer wußten am meisten damit anzufangen: Mehr als 70 Prozent der Weltweinproduktion werden in Europa erzeugt. In den südlichen Regionen West-, Mittel- und Osteuropas sowie in Südeuropa sind mehr als sieben Millionen Hektar Rebland unter Ertrag. Zwar kommt Wein in steigendem Ausmaß auch aus Kalifornien, Südafrika und Südamerika, aber an der Vorrangstellung der europäischen Weinerzeuger wird das auch auf lange Sicht gesehen kaum etwas ändern. Hier ein Überblick über die europäischen Weinbauländer und ihre Charakteristika.

Frankreich: Das bedeutendste Weinland der Welt hat 1,2 Millionen Hektar Rebfläche und erzeugt jährlich rund 80 Millionen Hektoliter Wein. Etwa 75 Prozent davon entfallen auf einfachen Tafelwein *(Vin de consommation courante, V.C.C.)* für den täglichen Bedarf. Gehobene Tischweine aus 52 genau festgelegten Gebieten werden unter der Bezeichnung *Vins délimités de qualité supérieure* (V.D.Q.S.) verkauft, ihr Anteil an der Weinproduktion liegt bei etwa 13 Prozent. Der Rest von 12 Prozent entfällt auf Spitzenweine mit kontrollierter Ursprungsbezeichnung *(Appellation d'origine contrôlée,* A.O.C.).

Größte und ergiebigste Weinbauregion Frankreichs ist das Bordeaux. Aus dem Rebland zu beiden Seiten der Gironde kommen die berühmten Rotweine des Haut-Médoc, von Graves, Saint-Emilion und Pomerol, die schweren

Frankreich ist das mit Abstand bedeutendste Weinbauland der Erde. Rund 1,2 Millionen Hektar Rebfläche werden dort bewirtschaftet mit einem jährlichen Durchschnittsertrag von 80 Millionen Hektoliter. Berühmt sind vor allem die Rotweine aus Burgund und Bordeaux. Unser Bild zeigt Weingärten der Côtes du Rhône.

Weißweine von Sauternes und Barsac und die trockenen Weißen von Graves. Die Weine aus Burgund variieren je nach Lage und Boden so stark, daß man nicht allgemein von „Burgunder" sprechen sollte. Es gibt leichte Rotweine wie den Chambolle und schwere, strenge wie den Corton und den Chambertin. Frische und fruchtige Rote kommen aus dem Beaujolais. Weiße Burgunder wie Chablis, Montrachet und Meursault sind immer trocken. Aus dem Loiretal kommen vor allem interessante Weißweine, die trocken, halbsüß oder auch süß ausfallen. Kräftige, aromatische Rotweine liefert das Rhônetal, dazu körperreiche Weißweine und den Tavel als wohl bekanntesten Rosé.

Italien: Von den jährlich erzeugten rund 65 Millionen Hektoliter Wein werden 12 Millionen exportiert. Seit 1963 unterliegen die italienischen Winzer Qualitätskontrollen, die den französischen nachempfunden wurden. Einfache, nach traditioneller Methode im Anbaugebiet hergestellte Weine können die Bezeichnung *Denominazione di origine semplice* (D.O.S.) tragen; sie ist jedoch keine Qualitätsgarantie. Ein festgesetzter Qualitätsstandard und die Aufnahme der Rebflächen in ein Register sind die Voraussetzungen für das Prädikat *Denominazione di origine controllata* (D.O.C.). Schließlich gibt es für Weine, deren Qualität und Preise das Ministerium festsetzt, noch die höchste Stufe, *Denominazione di origine controllata e garantita* (D.O.C.G.).

Die besten Weine des Landes kommen aus Norditalien, so der Valpolicella und die Soave aus der Gegend von Verona, der Bardolino vom Ufer des Gardasees, der Barolo und der Barbera aus der Region Piemont-Aostatal. Die Toskana ist die Chianti-Region, der berühmte Wein wird nach wie vor im Mischsatz angebaut. Aus der Emilia-Romagna stammt der Lambrusco. Frascati ist der bekannteste Wein aus dem Umland von Rom. Alkoholreiche Weine produziert Kampanien, die Provinz mit dem Mittelpunkt Neapel. Der sizilianische Marsala ist ein aufgespriteter Dessertwein, es gibt mittlerweile aber auch trockenere und leichtere Varianten.

Spanien: Mit über 1,7 Millionen Hektar Rebfläche ist Spanien das flächenmäßig größte Weinland Europas, es bringt aber nicht den höchsten Ertrag – spanische Weinberge und -gärten werden nicht sehr intensiv bewirtschaftet. Die Einführung von Qualitätskontrollen steht erst am Anfang. Unter der Bezeichnung *Denominación de origin* werden spanische Qualitätsweine verkauft. Der spanische Weinkenner unterscheidet neben dem Blanco (Weißwein) und Rosado (Roséwein) zwei Rotweinsorten: den leichten und körperarmen Clarete und den schweren, dunklen Tinto. Darüber hinaus gibt es zahlreiche hochprozentige Dessert- und Aperitifweine, so den Sherry und den Malaga, den Priorato und den Tarragona, den Moriles und den Montilla.

Rechte Seite oben: Sekt und Champagner sind geheimnisvolle Getränke, deren Grundlage aber stets Wein ist. Nach einer ganz normalen Gärung wird der Most mit anderen Weinen je nach Geschmacksrichtung verschnitten, nach bestimmten Regeln Zucker und Hefe zugesetzt und in Flaschen oder Drucktanks abgefüllt, wo nun die zweite Gärung unter Verschluß stattfindet. Dabei setzt sich zwangsläufig der Hefetrub ab, den man bei der Flaschengärung am Korken sammelt, indem die mit dem Hals nach unten in schrägen Regalen stehenden Flaschen täglich von geübten Händen gerüttelt werden. Nach einigen Wochen wird der Kork mitsamt dem Trub entfernt und die Flasche erneut verschlossen. Eine lange und sorgfältige Lagerung folgt, ehe der Sekt oder Champagner zum prickelnden Genuß wird.

Rechte Seite unten: Blick in einen alten Weinkeller in der Toskana. Der Winzer preßt gerade die Trauben der neuen Ernte aus.

Eine spanische Spezialität ist der Sherry, ein in der Regel mit Weingeist verstärkter Weißwein aus der Gegend der südspanischen Stadt Jérez de la Frontera.

Rechte Seite: Sehr eigentümlich, aber auch aufwendig ist der Weinbau auf Lanzarote. In den dortigen Vulkanaschekratern im Tal von La Geria wachsen die Reben von niedrigen Steinmauern als Windschutz umgrenzt.

Rioja (mit dem gleichnamigen Wein) ist das bekannteste spanische Qualitätsweingebiet, gelegen am Oberlauf des Ebro. Im Vordergrund stehen Rotweine der Tinto-Gruppe. Aus der Mancha, dem Land Don Quijotes, kommen Valdepeñas und Villarubia. Katalonien liefert die berühmten Allelaweine, außerdem den Schaumwein aus Spaniens Sektzentrum San Sadurni de Noya. Galicien und das Baskenland sind für ihre Weißweine bekannt, die der Spanier „kalt" oder „grün" nennt. Im Gebiet von Jérez de la Frontera in der Provinz Cádiz wird der Jérez (Sherry, Xérés) produziert, vom hellen, herb-trockenen Fino über den körperreichen und vollmundigen Amontillado bis zum dunkelbraunen und würzigen Oloroso.

Österreich: Das traditionsreiche Weinland produziert vorwiegend Weißweine (zu etwa 89 Prozent), die meisten von ihnen frisch, spritzig und belebend. Die weingesetzlichen Bestimmungen orientieren sich an den EG-Weingesetzen, die Prädikatsstufen sind die gleichen wie in Deutschland, wobei nur die Ausgangsmostgewichte abweichen. In Österreich werden im allgemeinen keine Lagenbezeichnungen angegeben, sondern nur Weinbauregionen und -orte. Viele Weine sind nach der Rebsorte benannt.

Das Weinbaugebiet Niederösterreich, unterteilt in sieben Regionen, stützt sich vor allem auf die Rebsorten Grüner Veltliner, Müller-Thurgau und Neuburger. Bekannte Weinorte sind Krems, Klosterneuburg, Gumpoldskirchen und Vöslau. Im Burgenland befassen sich 230 der insgesamt 320 Gemeinden mit Weinbau. Hier wachsen milde, aber gehaltvolle Weiß- und auch Rotweine. Am Ostufer des Neusiedler Sees liegt Österreichs größte Weinbaugemeinde, Gols. Aus dem südsteirischen Weinbauge-

In der berühmten und vielbesungenen Wachau gedeihen die besten der österreichischen Weißweine. Unser Bild zeigt das Weinstädtchen Spitz an der Donau. Ganz in der Nähe befinden sich so wohlbekannte, mit dem Wein verbundene Orte wie Krems, Dürnstein oder das Stift Melk.

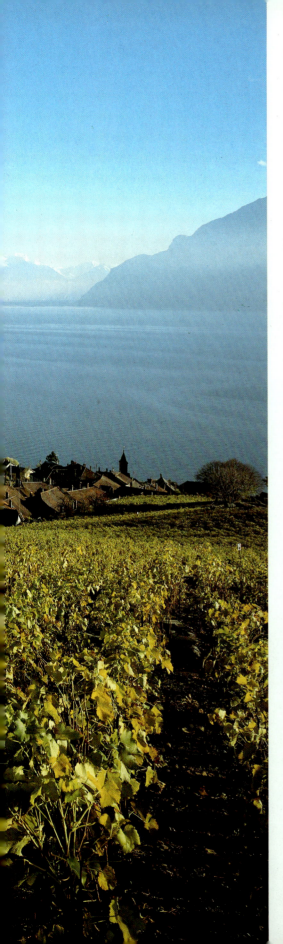

biet stammen leichte bis volle spritzige und blumige Weißweine. Wichtigste Rebsorte ist hier der Welschriesling. Aus den Weingärten im Bannkreis von Wien kommt der vielbesungene Heurige, der noch kein Jahr alte Jungwein. Nußdorf und Grinzing, Sievering und Kahlenberg, Heiligenstadt und Neustift sind die Wiener Weingemarkungen, größtenteils im 19. Stadtbezirk zusammengefaßt, mit unzähligen Heurigenlokalen, in denen man einen guten Tropfen erwischen kann, wenn man etwas von der Sache versteht und Glück hat.

Schweiz: Weil die Erntemenge der Schweiz – auf 14 000 Hektar Rebland wird rund eine Million Hektoliter geerntet – nicht besonders groß ist, geben sich die Schweizer nur in begrenztem Umfang Mühe, die Kenner anderer Länder für ihre Weine zu interessieren. Dabei lohnt es sich durchaus, die sehr vielseitigen Weine der Schweiz kennenzulernen. Der Schwerpunkt des Weinanbaues liegt in der Westschweiz, die

Die Schweiz ist mit rund einer Million Hektoliter zwar nur ein kleines Weinbauland, aber von ihren sonnenreichen Lagen kommen elegante, feine und abgerundete Weine. Unser Bild zeigt die Weinbaugemeinde Rivaz am Genfersee. Ganz in der Nähe liegt das unter Weinkennern berühmte St. Saphorin.

Nächste Doppelseite: Portugal erzeugt mit 14 Millionen Hektoliter Wein immerhin rund doppelt soviel wie die Bundesrepublik. Zehn Prozent des portugiesischen Weins entfallen auf den berühmten Portwein, der auf den Hängen über dem Douro wächst. Portwein wird sowohl aus roten wie auch aus weißen Trauben gewonnen. Die Gärung wird durch den Zusatz von Weingeist unterbrochen, und eine anschließende mindestens dreijährige Lagerzeit beschert dem Liebhaber dann den schweren und gehaltvollen Portwein. In den Hafen von Porto bringen die Portweinkähne flußabwärts kommend ihre alkoholreiche Fracht, von hier wird der kostbare Tropfen in die ganze Welt verschifft.

drei Viertel des Schweizer Weines liefert. Knapp zwei Drittel der Weinernte entfallen auf Weißwein, der Rest auf Rotwein.

Im Wallis gedeihen die schwersten und alkoholreichsten Weine – das langgestreckte Wallisertal gilt als von der Natur geschaffener Glutofen. Hier reift der süffige Fendant, bereitet aus der Chasselastraube. Aus der Pinot-noir- und der Gamay-Rebe wird der glutvolle Dôle gekeltert. Dorin heißen die Weißweine im Kanton Waadt – es gibt viele Abarten und Sorten davon. Im Genfer Umland gedeihen die Perlanweine aus der Chasselastraube. Rotweine aus diesem Gebiet sind der kräftige Gamay und der feurige Pinot noir. Im Tessin gibt es praktisch nur Rotweine. Mit besonderer Sorgfalt wird die Merlottraube gepflegt. Andere Rote aus dem Tessin sind der Nostrano und der Bondola.

Portugal: Auf einer Fläche von 370 000 Hektar werden in Portugal jährlich 14 Millionen Hektoliter Wein erzeugt. Zwei Drittel davon sind Rotwein. Die portugiesischen Weine lassen sich unterteilen in die alkoholreichen Portweine und den Madeira, die Tafelweine mit Herkunftszertifikat *(Denominação de origem)* aus festgelegten Weinbaugebieten und die schlichten Konsumweine *(Consumo)*. Die Weine mit Herkunftszertifikat sind: Vinhos verdes, Dão, Colares, Carcavelos, Bucelas und Moscatel de Setúbal.

Auf den Hängen über dem Dourofluß wächst der Portwein – wobei es sich nicht etwa um einen bestimmten „Normalwein" handelt. Es gibt weißen Portwein, dessen Farbe zwischen mattweißen, strohfarbenen und weißgoldenen Tönungen schwankt, und roten Portwein mit helllohfarbenen, rubinroten und dunkelroten Tönungen. Beide Weinsorten werden sowohl trocken als auch halbtrocken oder süß gehandelt. Der ebenfalls alkoholstarke Madeira wächst auf der gleichnamigen, zu Portugal gehörenden Insel. Je nach Traubensorte ist er trocken (Sercialtraube), halbtrocken (Verdelho), halbsüß (Boal) oder süß (Malvasia). Die Vinhos verdes (,,grünen Weine") werden zwischen Douro und Minho angebaut. Aus dem Gebiet des Dão-Flusses kommen aromatische weiße und rubinfarbene, samtene Dão-Weine. Der Colares, ebenfalls in roter und weißer Version, stammt aus der Küstenregion zwischen Sintra und dem Atlantik. Der Bucelas verdankt seine zarte Blume der Arintotraube. Der Carcavelos und der Moscatel de Setúbal gehören zu den hochprozentigen *Generosos.*

Jugoslawien: Das traditionsreiche Weinbauland Jugoslawien erzeugt auf mehr als 250 000 Hektar Rebland jährlich etwa 6,5 Millionen Hektoliter Tischwein. Der jugoslawische Weinbau ist weitgehend industrialisiert. Die Winzer übergeben ihre Ernte den Verarbeitungskellereien, die die ,,erste Weinbereitung" übernehmen. Zur ,,Finalisation" (Reifung, Abfüllung) wird der Jungwein dann von den Reifungskellereien übernommen, die ihn schließlich an die staatlichen Handelsorganisationen weiterreichen. Jugoslawien erzeugt zu 60 Prozent Weißwein, zu 40 Prozent Rotwein.

Im Südosten des Weinbaugebietes Slowenien wird der rubinrote Cviček aus einer Mischung mehrerer Traubensorten gewonnen. Die Weine aus dem Draugebiet, etwa der weiße Šipon, gehören zu den besten Jugoslawiens. Karst und Adria liefern den trockenen weißen Vipavec und den roten Merlot. Auf den Hügeln Istriens ist der strohgelbe Malvasija zu Hause. Der bekannteste Weißwein aus Dalmatien ist der goldgrüne Maraština. Die Gegend um Dubrovnik bringt hauptsächlich Rotweine hervor, bekannt sind Plavac, Dingač und Plavka. Der grüngelbe Žilavka kommt aus der Herzegowina. Vor allem Weißweine produziert Nordkroatien. Serbien und Wojwodina erzeugen aus der Graševinarebe einen Weißwein, der als Italienischer Riesling auf den Markt gebracht wird. Aus dem Kosovo-Bereich kommt der Exportschlager Amselfelder Spätburgunder. Mazedonien erzeugt vor allem Tafeltrauben, außerdem neben Rot- und Weißweinen liebliche Rosés.

Ungarn: Auf 170 000 Hektar Rebland erzeugt Ungarn etwa fünf Millionen Hektoliter Wein jährlich, davon 70 Prozent Weißweine oder Weißherbste, hier ,,Siller" genannt. Schon 1970 paßte Ungarn seine Wein-Güteklassen an die westeuropäischen an. Danach gibt es ne-

58

ben schlichtem Tafelwein den etwas kräftigeren Bratenwein mit Angaben über enthaltene Rebsorten und Anbaugebiete, ferner den Qualitätswein, dessen Etikett genau vorgeschriebene Angaben enthalten muß, und den Prädikatswein, für den noch strengere Kennzeichnungsvorschriften gelten.

Am berühmtesten ist seit jeher der ungarische Tokajer. Er wird aus edelfaulen Trockenbeeren bereitet, denen man vor der Vergärung Most oder Jungwein zusetzt. Aus einer Mischung von geschrumpften und saftigen Beeren stellt man den trockenen oder süßen Tokajer Szamorodni her. Alkohol- und zuckerreich ist der Tokajer Furmint. An den sonnigen Hängen des Weinbaugebietes von Eger reift vor allem Rotwein aus den Rebsorten Kadarka, Burgunder und Médoc noir. Bekannt ist das tiefdunkle und feinherbe Erlauer Stierblut (Egri bikavér). Am Plattensee werden zahlreiche Traubensorten gepflegt. Für den Export interessant sind vor allem der Blaustengler und der Graumönch. Der Balatonfüreder Riesling duftet zart nach Reseda. Im Gebiet von Mór wird nur die Rebsorte Ezerjö (Tausendgut) angebaut. Bekanntester Wein ist demzufolge der Mórer Tausendgut von den Hängen des Vértesgebirges. Herbe rubinrote Weine kommen aus Sopron, dem Weinbaugebiet am Südende des Neusiedler Sees.

Griechenland: 5,6 Millionen Hektoliter werden jährlich auf 212 000 Hektar Rebfläche angebaut. Griechenland produziert sowohl frische als auch kräftig süße Weine. Die für den Export bestimmten Produkte werden nach modernen Methoden in Großbetrieben hergestellt. Seit 1962 gibt es ein „Institut of Tasters", das zur Verbesserung der Weinqualität beitragen soll, seit 1963 Weingesetze.

30 Prozent der griechischen Weinerträge kommen vom Peloponnes: neben einigen Rotweinen in der Hauptsache trockene Weißweine wie Santa Laura und Santa Helena. Unter den Rotweinen ist vor allem der schwere Mavrodaphne zu erwähnen. Aus der Region Attika kommt der trockene Hymettus. Auch der kostbare Pallini, Griechenlands bester Weißwein, ist attischer Herkunft. Vor allem rote Weine bringt Mazedonien hervor. Von den griechischen Inseln sind zu erwähnen der trockene weiße Lindos von Rhodos, der süße und schwere Muskatwein Samos von der gleichnamigen Insel, die trockenen und süßen Santorin-Weine sowie die alkohol- und körperreichen kretischen Weine.

Eine griechische Besonderheit ist der Retsina, ein mit Pinienharz aromatisierter Wein. Derzeit werden fast 50 Prozent aller griechischen Weine auf diese Weise nachbehandelt.

Vom Umgang mit dem Wein

Im Idealfall sollte der Wein in einem Keller lagern, in dem eine gleichbleibend kühle Temperatur (nicht über 12 Grad Celsius) und eine ausreichende Luftfeuchtigkeit herrschen. Der Raum sollte geschlossen und dunkel sein, aber Lüftungsöffnungen haben – stehende Luft wird muffig und schadet dem Wein. Lagern Sie nichts im Weinkeller, was kräftig duftet – das nimmt der Wein übel.

Wenn kein Keller zur Verfügung steht, muß es ein anderer kühler Raum in der Wohnung tun – etwa das Schlafzimmer, in das man einen Weinschrank stellen könnte. Höheren Ansprüchen genügt ein Weinkühlschrank mit einstellbaren Temperaturen für die verschiedenen Fächer. Es gibt solche Kühlschränke mit einem Fassungsvermögen bis zu 180 Flaschen.

Gleichgültig, wo Sie den Wein lagern – er soll immer liegend mit dem Hals nach unten untergebracht werden, damit der Korken vom Wein umspült wird und nicht austrocknet.

Wie legt man seinen Weinkeller oder -schrank an? Sie sollten nur Qualitäten einlagern, die Sie probiert haben und von denen Sie überzeugt sind. Am besten kaufen Sie zunächst nur kleinere Mengen und stocken den Vorrat auf, wenn der Wein hält, was Sie sich von ihm versprochen haben. Unterscheiden Sie stets zwischen Wein für den Bedarf eines Jahres und wertvolleren Gewächsen, die erst in einigen Jahren an die Reihe kommen sollen, weil sie dann erst ihre volle Reife erreicht haben.

Wein kann man nicht beliebig lange lagern. Alle schlichteren Weine sollten bald nach dem Kauf getrunken werden: Weine ohne Jahrgangsangabe, frische Rosé- und Weißweine (Ausnahme: Spitzenqualitäten aus Bordeaux und Burgund). Beaujolais und Côtes-du-Rhône sind ebenfalls frisch am besten – sie sollten nicht älter als drei Jahre werden. Das gilt auch für kleinere Bordeaux-Rotweine, Chianti classico und Châteauneuf-du-Pape. Hochgewächse vertragen dagegen (oder verlangen sogar) eine längere Lagerzeit. Wenn Sie im Zweifel sind, trinken Sie den Wein lieber zu früh als zu spät. Wenn er erst firn ist, haben Sie nichts mehr davon.

Und noch ein paar Worte zur richtigen Trinktemperatur für Wein: Weißweine sollten stets kühl getrunken werden – je lieblicher, desto kühler. Süße Weißweine und Likörweine vertragen 6 Grad Celsius, trockene Weiß- und Roséweine sollten mit einer Temperatur von etwa 10 Grad Celsius auf den Tisch kommen. Sekt und Champagner mit 6 bis 8 Grad.

Bei den Rotweinen wird viel gesündigt – oft kommen sie lauwarm als „Weinsuppe" in die Gläser. Hier sollten Sie sich zur Regel machen, daß leichte Rotweine nicht wärmer als 12 Grad Celsius sein sollten (Beispiele: Loireweine, Beaujolais). Die kräftigeren Tropfen (Burgunder, Côtes-du-Rhône) schmecken bei etwa 16 Grad Celsius besser. Nur auserlesene, elegante, schwere Rotweine wie der Bordeaux vertragen bis zu 18 Grad Celsius. Temperieren Sie den Wein nicht gewaltsam! Weißwein, Rosé und Sekt bringen Sie im Kühlschrank oder Weinkühler auf die richtige Trinktemperatur (aber nicht im Gefrierfach), Rotwein sollte sich im Eßzimmer geruhsam an Zimmertemperatur gewöhnen.

Die angegebenen Temperaturen gelten für den Wein im Glas. Berücksichtigen Sie dabei, daß der einmal eingeschenkte Wein sich innerhalb kurzer Zeit erwärmt, und zwar um bis zu 3 Grad. Beim Eingießen darf er also etwas kühler sein.

Eine reizvolle Ansammlung von italienischen Barbera- und Barbaresco-Weinen, die aus der roten Edeltraube Nebbiolo gewonnen werden. Beide Weine gehören zum Besten, was das gesegnete Weinland Italien zu bieten hat.

Welcher Wein paßt wozu?

Die traditionellen Grundregeln, welchen Wein man wozu reichen sollte, sind schnell erklärt:
- Weiß zu Weiß: Man reicht in der Regel weißen Wein zu weißem Fleisch: Fisch, Huhn, Kalb, Schwein.
- Dunkel zu Dunkel: Roter Wein paßt am besten zu dunklem Fleisch: Rind, Lamm, Puter.

Diese Faustregeln, der klassischen französischen Küche entnommen, werden heutzutage aber oft durchbrochen. Es gibt durchaus Fischsorten, zu denen bestimmte Rotweine besser schmecken als die herkömmlichen Weißweine, und umgekehrt bevorzugen Feinschmecker zu manchen Wildgerichten einen lieblichen Weißwein, etwa einen Rheinpfälzer.

Ein absolutes Muß sind also die alten Regeln nicht. In erster Linie kommt es darauf an, daß einem der Wein zu dem jeweiligen Gericht gut schmeckt. Aber andererseits sind die bewußten Regeln auch nicht von ungefähr erfunden worden – sie haben im Prinzip ihre Berechtigung. Generationen von Feinschmeckern haben sie ausprobiert.

Spätestens hier erhebt sich die Frage, ob man zu einer ausführlichen Mahlzeit überhaupt mehrere Weinsorten anbieten soll, also etwa zum Fischgang einen trockenen Weißwein, zum Rinderfilet einen herzhaften Rotwein, zum Dessert einen weißen Bordeaux oder einen Südwein, vielleicht auch Sekt.

Im allgemeinen wird man das nur tun, wenn sich eine größere Gästezahl zusammengefunden hat. Und wer hat heute noch Zeit und Arbeitskraft für derartige Einladungen? Bei einem Essen unter Freunden wird man sich daher im allgemeinen auf eine einzige, vernünftig ausgesuchte Weinsorte beschränken. Sie richtet sich nach dem Charakter des Hauptgangs.

Wenn es aber doch mehrere Sorten sein sollen, beginnen Sie mit leichteren Weinen und steigern sie zu schwereren Sorten. Spitzengewächse wie Beeren- oder Trockenbeerenauslese sollte man dabei jedoch nicht zu Speisebegleitern degradieren – sie wirken für sich allein genossen besser, außerdem sind sie zu kostspielig, und nicht jeder mag sie. Der oberste Grundsatz für die Weinauswahl: Speisen und Getränke müssen harmonisch zusammenklingen. Wie man das erreichen kann, erläutern die folgenden Hinweise.

Vorspeisen-Begleiter: Zur Begrüßung der Gäste reicht man gern ein Glas Sherry. Er paßt auch zu den meisten Vorspeisen. Eine andere Möglichkeit: Reichen Sie zur Vorspeise den Wein, den es später zu den Hauptgerichten gibt. Oder bieten Sie einen gut gekühlten Rosé an. Zu Vorspeisen, die mit Essig angemacht wurden, gibt es keinen Wein. Das gilt auch für alle Salate mit Essigmarinade.

Austern werden meist von weißem Burgunder (Chablis, Meursault) begleitet. Zu Hummern, Krebsen, Scampi und dergleichen bevorzugt man einen trockenen Weißwein aus dem Rheingau, der Pfalz oder Franken, auch einen italienischen Soave. Gänseleberpastete verträgt einen kräftigeren, charaktervollen Weißwein, etwa einen Montrachet oder Orvieto. Auch wenn Sie Sherry oder Madeira dazu anbieten, liegen Sie nicht falsch.

Suppen und Eiergerichte: Zur Suppe gibt es meist keinen speziellen Wein. Es sei denn, es handelt sich um eine sehr inhaltsreiche Suppe, die an die Stelle des Hauptgerichts tritt. Zu einer Fischsuppe wie der Bouillabaisse oder der Hamburger Aalsuppe könnten Sie einen leichten Rosé anbieten, zu einer Gulaschsuppe einen Traminer oder einen leichten Rotwein.

Zu den meisten Eiergerichten paßt ebenfalls kein Wein. Aber es gibt auch hier Ausnahmen. Ein lockeres Omelett verträgt sich beispielsweise gut mit einem schlichten Rotwein, etwa einem Côtes-du-Rhône.

Nudeln, Reis, Pizza: Wenn Nudeln oder Reis nur als Beilagen zu Hauptgerichten gereicht werden, entstehen keine Weinprobleme. In allen anderen Fällen sollten Sie Wein der Gegend nehmen, in der das Gericht zu Hause ist. Zu einem Spätzlegericht käme also ein württembergischer Trollinger oder ein badischer Rotwein in Frage, zu einem italienischen Nudelgericht ein italienischer Rotwein. Spanische Rotweine sind zur Paella zu empfehlen, und zwar möglichst solche von der herberen Sorte, etwa ein Rioja.

Rotwein wird zu Risotto serviert, zum Beispiel ein Valpolicella. Weine dieser Art sind auch die richtigen Pizza-Begleiter. Ebenso kombiniert man deftige Käse- und Zwiebelkuchen am besten mit Rotwein. Zur Lothringer Quiche wird dagegen Weißwein – Edelzwicker oder Riesling – bevorzugt. Stark gewürzte Reisgerichte aus den orientalischen Küchen verlangen nach Bier als Begleitgetränk. Wein ist in diesen Fällen nicht zu empfehlen.

Herzhaftes aus deutschen Küchen: In den meisten Weinbrevieren werden die Alltagsrezepte der deutschen Landschaftsküchen ausgespart. Dabei lassen sich viele von ihnen durchaus mit Wein kombinieren. Grundregel: zu kräftig gewürzten Speisen ausdrucksvolle Weiß-, Rosé- oder Rotweine, zu zarteren Genüssen leichte und trockene Weiß- oder Roséweine.

Zur ersten Kategorie gehören beispielsweise gefüllte Paprikaschoten, Kohlrouladen, gekochte Ochsenbrust mit Meerrettichsoße, Grünkohl mit geräuchertem Speck oder ebensolcher Wurst, Hähnchen vom Grill. Dazu können Sie etwa einen fruchtigen Rosé von der Loire oder aus dem Rhônetal, einen halbtrockenen Weiß- oder leichten Rotwein anbieten. Trockener Rosé oder Weißherbst paßt ebenso wie kräftiger Weißwein (z. B. aus Franken oder Baden oder der Rheinpfalz) zu Eisbein mit Sauerkraut, Königsberger Klopsen, sauren Nierchen und Omelett mit Schinken. Zu Gerichten dieser Art können Sie aber auch einen Riesling aus dem Elsaß, einen Jurançon aus dem französischen Südwesten oder einen Sancerre von der mittleren Loire auftischen – nur trocken muß er sein.

Der richtige Wein zum Fisch: Rotwein setzt bei vielen Fischen Geschmackskombinationen frei (etwa einen leicht metallischen Geschmack), die seine Verwendung als Speisenbegleiter nicht empfehlenswert machen. Man wird ihn deshalb nur dann zum Fisch reichen, wenn dieser in einer Rotweinsoße serviert wird. Der Trinkwein sollte dann von der gleichen Sorte sein wie der Kochwein. Das gilt auch für Fische, die in Weißwein gedünstet werden.

Ganz allgemein richtet sich der Wein zum Fisch in erster Linie nicht nach der Fischsorte, sondern nach der Zubereitungsart. Fischgerichte der zarteren Art (eine blau gesottene Forelle, eine gegrillte Seezunge) verlangen einen zarten Wein, der den Fischgeschmack nicht erdrückt, also einen nicht zu herben Mosel- oder Saarwein, einen weißen Burgunder, einen portugiesischen Vinho verde, einen italienischen „Fischwein" (das steht in Italien tatsächlich oft auf dem Etikett).

Fische in herzhafter Soße vertragen dagegen Weine mit hervortretendem Aroma: Rheinpfälzer und Rheingauer, Frankenwein, französischen Chardonnay, sizilianischen Corvo. Sie passen auch zu gebratenen Fischen und zu Fischragouts.

Zu fettreichen Fischen mit dunklerem Fleisch kann man einen leichten Rotwein anbieten. Der „Metall-Effekt" bleibt beispielsweise aus bei Karpfen, Aal oder Makrelen, auch bei frisch zubereitetem Thunfisch.

Kalb- und Schweinefleisch: Die Regel, daß zu „weißem" Fleisch nur Weißwein zu reichen sei, gilt nur noch mit Einschränkungen. Wie bei den Fischen kommt es auch hier auf die Zubereitung an: Deftige Gerichte aus Kalb- oder Schweinefleisch vertragen sich gut mit einem vollmundigen Rotwein (z. B. Trollinger, Portugieser, Bardolino, Valpolicella), zartere Zubereitungen sollten Sie besser mit fruchtigen Roséweinen (Frankreich, Italien, Spanien) oder gehaltvollen Weißweinen kombinieren.

Herzhafte Weißweine passen zu rohem oder gekochtem Schinken. Wird er nur mit Brot serviert, kann man ihn auch mit einem leichteren Rotwein kombinieren. Bei Schinken als Beilage, etwa zu Spargel, müssen Sie auf das Gemüse Rücksicht nehmen – der Weißwein soll seinen Geschmack fördern, ohne ihn zu übertönen. Also: Riesling aus Rheinhessen, oder badischer Bocksbeutel, oder Silvaner aus dem Elsaß, oder Muscadet von der Loiremündung, oder portugiesischer Vinho verde.

Rind-, Lamm- und Wildfleisch: In allen drei Fällen sind kräftige, würzige, bukettreiche Rotweine vorzuziehen. Dabei kann es sich um Burgunder oder Bordeaux handeln, um Côtes-du-Rhône oder Saint-Emilion aus Frankreich. Ebenso beliebt sind italienischer Barolo oder Chianti, spanischer Rioja, Schweizer Dôle. Zu Rindfleischgerichten mit Soße (z. B. Schmor- oder Sauerbraten, Ragout) paßt ein deutscher Rotwein von der Ahr oder aus Württemberg ausgezeichnet. Innereien (z. B. Leber, Nieren, Kalbsmilch, Zunge) sind gut mit einem etwas leichteren roten Landwein zu kombinieren.

Manche Wildgerichte kann man, ganz gegen die Grundregel, auch mit einem bukettreichen, nicht zu trockenen Weißwein verbinden, beispielsweise mit einem Rheinpfälzer.

Haus- und Wildgeflügel: Zu Geflügel aller Art schreibt die kulinarische Überlieferung Weißwein vor, der in diesem Fall herzhaft und vollmundig ausfallen sollte: Rieslingwein, Silvaner (etwa aus dem Rheingau oder der Rheinpfalz), weißen Burgunder, charaktervolle italienische Weine.

Zu den anspruchsvolleren Küchenvögeln wie Ente, Gans oder Puter, ebenso zu allem Wildgeflügel, paßt aber ein leichter und frischer Rotwein ebensogut. Er kann aus Baden oder Tirol stammen, aus Burgund (Macon) oder von der Loire (Touraine), aus Spanien (Rioja) oder Italien.

Käse, der Weinbegleiter: Nach Meinung vieler Feinschmecker sind „Käse und Wein füreinander bestimmt". Allerdings paßt nicht jeder Wein zu jedem Käse. Je lieblicher und zarter ein Käse schmeckt, desto leichter darf der Wein sein. Servieren Sie also zu Frischkäse einen fruchtigen, zu Emmentaler, Butterkäse, Edamer und dergleichen einen kräftigeren Weißwein oder einen trockenen Rosé. Die herzhaften Käsesorten (z. B. Roquefort, Gorgonzola, Gruyère, Tilsiter) verlangen dagegen nach einem kräftigen Rotwein. Burgunder, Bordeaux oder Côtes-du-Rhône sind die wichtigsten Auswahlvorschläge. Zur Käsefondue, gleich aus welchen Käsesorten, ist wiederum Weißwein das Getränk der Wahl – beispielsweise ein Schweizer Fendant.

Wein zu Süßspeisen: Warum nicht? Nur Schokoladen- oder Apfelsinendesserts sollten Sie dabei ausklammern. Zu anderen Nachspeisen kommen liebliche bis süße Weißweine in Frage, ebenso Sekt, Champagner, Portwein oder Sherry. An der Qualität des zu Obst gereichten Weines dürfen Sie nicht sparen – Früchte offenbaren die Schwächen eines Weins erbarmungsloser als jede andere mit Wein genossene Speise.

Schon in einem Codex aus dem 15. Jahrhundert finden wir eine Sammlung von Kochrezepten, die mit Wein zubereitet werden. Sie wird genannt „daz puch von den chosten mit wein gemacht, daz do von maister Jambonino von Cremona zu Venedig awzz arabisch tzu latin gemacht wart und awzzgetzogen wart awzz dem puch maister Gege Heyse sun, der do ist gewest Algatzelis sun und ist genannt daz puch von den speisen und slechten ertzneyen und tzugesetzten (zusammengesetzten) oder gemischten r(ezepten)".

Kochen mit Wein

Wein beim Essen und Wein im Essen – das sind zwei ganz verschiedene Dinge. Seit alters her ist der Wein eine beliebte Küchenwürze. Es gibt kaum eine Speise, die man nicht durch einen Schuß Wein verbessern könnte. Sekt paßt beispielsweise zu jungem Sauerkraut, zu Wildgeflügel und einigen Salaten; ein kräftiger Schuß verfeinert Matjesfilets in Sahne oder Heringssalat. Leichter Weißwein ist die richtige Zusatzwürze für helle, gebundene Suppen, Frikassees, Geflügel und Fischgerichte, außerdem für viele Süß- und Obstspeisen.

Rotwein verfeinert dunkle, gebundene Suppen und Soßen – er ist geradezu die Seele vieler Soßen, wie schon Auguste Escoffier bemerkte, den man den Kaiser der Köche nannte. Auch Gulasch und Gulaschsuppen vertragen eine Rotweinbeigabe – andere Beispiele finden Sie auf den folgenden Seiten.

Besonders erfolgreich können Sie mit Südweinen wie Sherry (Kalbs- und Geflügelragout, Schildkrötensuppe), Madeira (feine Suppen und Soßen, vor allem solche für Schinken- und Zungengerichte) oder Marsala (Süßspeisen wie Zabaione) würzen.

Zu erwähnen wäre außerdem die lange Reihe von Speisen, bei denen der Wein im Vordergrund steht: Weingelees und Weinsoßen, Weinsuppen und Weinpudding. Jedes Weinbaugebiet Europas hat da seine eigenen Spezialitäten.

Welchen Wein soll man zum Kochen nehmen? Jeden beliebigen, nur keinen sogenannten Kochwein. Erstens kann er Ihnen den Geschmack der Speise verderben, und zweitens ist Kochwein höchstens der Wein, den der Koch in der Küche trinkt, wie ein altes Witzwort meint. Wenn ein Wein zum Trinken nichts taugt, ist er auch für das Kochen mit Wein unbrauchbar. Im Zweifelsfall verwenden Sie für Suppe oder Soße den gleichen Wein, der auch später zu dem Gericht bei Tisch getrunken werden soll. Das gilt natürlich nicht für Sherry, Madeira oder Portwein.

Und noch eine Regel: Weingewürzte Gerichte aus einer Weinlandschaft (und das sind die meisten) schmecken oft am besten mit einem Wein derselben Gegend als Würze und Tischgetränk. Im übrigen sollten Sie getrost experimentieren. Sollten Sie an einen zu leichten Wein geraten sein, dessen Würze nicht ausreicht, hilft Ihnen ein alter Trick weiter: Würzen Sie mit einem kleinen Schuß Weinbrand oder auch Portwein nach.

Im allgemeinen bevorzugen Wein-Köche trockene oder halbtrockene Weine. Bei einem Gericht, etwa einer Soße, das stark eingekocht werden muß, darf es aber auch eine lieblichere Sorte sein. Durch das Einkochen tritt sonst der Säureanteil zu stark hervor.

Nachdem wir nun einiges über Wein und Reben kennengelernt haben, wollen wir überleiten zu einer weiteren, äußerst angenehmen Variante, nämlich dem Kochen mit Wein. Wir haben auf den folgenden Seiten 75 Rezepte aus aller Welt ausgesucht, in denen der Wein stets eine wichtige Rolle spielt. Die Rezepte sind für jeweils vier Personen berechnet, sofern nicht etwas anderes angegeben ist, und alphabetisch geordnet. Wir wünschen viel Spaß beim Kochen, gutes Gelingen, guten Appetit – und wohl bekomm's!

Aal grün auf flandrische Art

Anguille au vert

Der mit Kräutersoße angerichtete Aal spielt bei uns vor allem in der Berliner Küche als „Aal jrün mit Jurkensalat" eine Rolle. Dieses Rezept aus Flandern reichert die Soße mit Spinat- und Sauerampferstreifen an – eine liebenswerte und interessante Ergänzung. Beide Gemüsearten sollten Sie so kurz wie möglich dünsten, damit Geschmack und Vitamine erhalten bleiben.

---

1 kg frischer Aal, 40 g Butter, Salz, weißer Pfeffer, 20 g Mehl, gut 1/4 l Weißwein, 125 g Spinatblätter, 125 g Sauerampfer, 40 g Butter, je 1 Teelöffel feingehackte Petersilie, Estragon, Pimpinelle, Kerbel und Salbei, 6 Eßlöffel Crème fraîche, 3 Eigelb

---

Aal enthäuten und in fingerlange Stücke schneiden, rundherum in heißer Butter anbraten, salzen und pfeffern. Die Aalstücke mit Mehl überstäuben, 3 Minuten unter Umrühren weiterbraten, dann den Weißwein angießen und den Aal unbedeckt 10 Minuten kochen. Spinat und Sauerampfer vorbereiten, waschen, ausschleudern und in Streifen schneiden. Das Gemüse in heißer Butter andünsten, die gehackten Kräuter dazugeben, salzen und pfeffern. Aalstücke aus der Weinsoße nehmen, auf einer vorgewärmten Platte anrichten. Crème fraîche mit Eigelb verquirlen und mit der Weinsoße mischen, auf schwächstem Feuer oder im Wasserbad unter ständigem Umrühren erhitzen, aber nicht zum Kochen bringen. Die Gemüse- und Kräutermischung in die Soße geben und die Aalstücke damit überziehen. Das flandrische Aalgericht abkühlen lassen, im Kühlschrank vollends erkalten lassen und kalt servieren. Dazu paßt ein trockener, herzhafter Weißwein am besten.

Aalragout aus dem Anjou

Matelote angevine

Matelot heißt in Frankreich der Matrose, eine Matelote ist also ein Matrosengericht. Es handelt sich dabei immer um eine Art Ragout aus festfleischigem Fisch. Unser Rezept stammt aus dem Anjou, einer traditionsreichen Landschaft im Westen Frankreichs, kulinarisch berühmt durch Artischockenanbau und Viehzucht, vor allem aber durch Weine von der Loire.

800 g Aal, 1 Bouquet garni (Petersilie, Lorbeerblatt, Thymian, Rosmarin, Selleriegrün), Salz, schwarzer Pfeffer, 1/2 l kräftiger Rotwein, 2 Schnapsgläser Cognac, 3/8 l Wasser, Mehlbutter aus 40 g Butter und 40 g Mehl, 3 Eßlöffel kleine Zwiebeln, 100 g Champignons, 40 g Butter, 4 Scheiben Weißbrot, 20 g Butter

Aal abziehen und ausnehmen (oder den Fischhändler darum bitten), unter fließendem kaltem Wasser waschen, abtropfen lassen und in fingerdicke Stücke schneiden. Mit dem Bouquet garni in einen großen Suppentopf geben, salzen und pfeffern und den Rotwein angießen, zum Kochen bringen und die Fischstücke mit angewärmtem Cognac flambieren. Wasser angießen, das Ragout 20 Minuten bei Mittelhitze garen. Mehl mit Butter verkneten, portionsweise in die Soße geben, umrühren und 8 Minuten weiterkochen. Zwiebeln fein hacken, Champignons putzen und in Stücke schneiden, beides in heißer Butter weich dünsten, leicht salzen und zum Ragout geben, kurz aufkochen und abschmecken. Weißbrotscheiben in Butter goldgelb rösten, in eine vorgewärmte Schüssel geben und das Ragout darüberfüllen, dabei das Bouquet garni herausnehmen. Wenn Sie dazu Wein reichen wollen: Loirewein stammt aus der gleichen Landschaft wie dieses Rezept.

Apfelkuchen auf Burgunder Art

Flamusse bressanne

Die Flamusse ist der Lieblingskuchen der Bewohner des Nivernais, einer historischen Landschaft im mittleren Frankreich. Es handelt sich um einen Apfelkuchen, der durch einen Guß aus Eiern, Milch und Crème fraîche verfeinert wird. Zu einem so exquisiten Kuchen trinken die Burgunder am liebsten einen Vin blanc mousseux, also einen Schaumwein. Sie können es mit einem Glas Sekt versuchen.

Für den Teig: 250 g Mehl, 125 g Butter, 1 Ei, 75 g Zucker, 1 Teelöffel Salz, 1 Glas trockener Weißwein, (getrocknete Erbsen oder Bohnen); für den Belag: 500 g Äpfel, 50 g Butter, 3 Eier, 80 g Zucker, 1 Päckchen Vanillezucker, 1/5 l Milch, 1/5 l Crème fraîche; etwas Butter für die Form

Teigzutaten zu glattem Mürbteig verkneten, daraus einen Ballen formen und 1 Stunde kühl ruhen lassen. Dann den Teig ausrollen und eine gefettete Springform damit auslegen, einen 3 cm hohen Rand formen. Den Teig mit Alufolie bedecken und darauf trockene Erbsen oder Bohnen geben. Im vorgeheizten Ofen 15 Minuten bei 200–210° C hell backen, Folie und Erbsen (Bohnen) wegnehmen. Für den Belag die Äpfel schälen, vom Kernhaus befreien und in Scheiben schneiden, in heißer Butter andünsten und abkühlen lassen. Die Apfelscheiben auf dem blind gebackenen Boden verteilen. Eier in einer Schüssel mit Zucker und Vanillezucker verschlagen, Milch und Crème fraîche dazugeben. Die Masse kräftig verrühren, durch ein Sieb streichen und über die Apfelscheiben gießen. Den Kuchen 20–25 Minuten bei 200–210° C fertigbacken, etwas abkühlen lassen, aus der Form nehmen und in Portionsstücke schneiden.

Badische Schneckensuppe

Nirgendwo gibt es so viele hochgerühmte Feinschmeckerlokale auf engstem Raum wie im Badischen. Die delikate Schneckensuppe fehlt selten auf der Speisenkarte. Aber warum sollen Sie sich nicht selbst zu diesem Genuß verhelfen? Mit Schnecken aus der Dose ist das Rezept schnell verwirklicht.

1 kleine Zwiebel, 1 Karotte, 1/4 Stange Porree, 1 Petersilienwurzel, 1 Scheibe Sellerie, 30 g Butter, 1/2 l Fleischbrühe, 1/2 l trockener badischer Weißwein, 12 Schnecken (Dose), 1 Knoblauchzehe, 2 Schalotten, 2 Eigelb, 1/8 l Sahne, Salz, weißer Pfeffer, Streuwürze, 2 Eßlöffel gehackte frische Kräuter

Zwiebel, Karotte, Porree, Petersilienwurzel und Sellerie putzen und sehr fein hacken oder schneiden, in heißer Butter andünsten. Fleischbrühe und Weißwein angießen, die Suppe zum Kochen bringen und bei schwacher Hitze 25–30 Minuten ziehen lassen. Schnecken in Scheibchen schneiden oder hacken, Knoblauch und Schalotten fein hacken. Schnecken mit Knoblauch und Schalotten in wenig Butter andünsten, den Schneckensaft aus der Dose und die durch ein Haarsieb passierte Gemüsebrühe dazugeben, alles 10 Minuten bei schwacher Hitze ziehen lassen. Eigelb mit Sahne verquirlen und in die von der Brennstelle genommene Suppe rühren. Nur noch vorsichtig erhitzen, nicht mehr zum Kochen bringen. Die Suppe mit Salz, Pfeffer und Streuwürze abschmecken, auf vorgewärmte Suppentassen verteilen und mit Kräutern bestreuen. Ein trockener badischer Weißwein paßt am besten dazu.

Bayerisches Weinkraut

"Kraut füllt die Haut", sagt man in Bayern seit jeher, weil die sparsame Bäuerin einst eine große Schüssel Kraut gegen den Hunger aufzutischen pflegte, aber nur kleine Portionen Fleisch dazu herausrückte. Das bayerische Weinkraut ist heute als Beilage zu Fleischigem wieder beliebt, und zwar nicht nur südlich des Weißwurstäquators, sondern überall in deutschen Landen. Unser Rezept schlägt als Flüssigkeitszugabe je zur Hälfte Weißwein und Fleischbrühe vor. Sie können auch auf die Brühe verzichten und dafür die Weinmenge verdoppeln. Das Kraut wird dann „weiniger". Auf jeden Fall sollten Sie einen Wein mit hinreichendem Säuregehalt verwenden (oder mit Essig oder auch einem sauren Apfel nachhelfen).

1 kg Weißkraut, 100 g Gänse- oder Schweineschmalz, 1 Teelöffel Zucker, 1 Zwiebel, Salz, 2 Teelöffel Kümmel, 1/8 l Weißwein, 1/8 l Fleischbrühe, etwas Essig

Weißkraut hobeln oder fein schneiden, dabei dicke Blattrippen und den Strunk entfernen. Gänse- oder Schweineschmalz in einem großen Topf heiß werden lassen, den Zucker unter Umrühren darin bräunen (aber nicht verbrennen). Gehackte Zwiebel kurz darin andünsten, dann das geschnittene Kraut dazugeben und unter Umrühren andämpfen. Salzen und den Kümmel überstreuen, Wein und Brühe angießen und das Kraut in etwa einer Stunde garen, mit Salz und Essig abschmecken. Zu Schweinebraten, geschmortem Fleisch oder Frikadellen mit Salzkartoffeln oder Kartoffelknödeln reichen. Ein trockener Weiß- oder Rotwein mit deutlicher Säure paßt am besten dazu.

Béarner gedünstetes Rindfleisch

Daube béarnaise

Eine Daube ist ein gedünstetes oder auch geschmortes Fleischgericht (von dauber, franz. = dünsten, schmoren). Dabei kommt es darauf an, Zutaten und Dünstflüssigkeit möglichst zusammenzuhalten. Der Deckel des Dünsttopfes wird deshalb nach dem Ankochen mit Mehlkleister verklebt. Natürlich können Sie auch auf dieses etwas umständliche Verfahren verzichten und die Daube béarnaise im Schnellkochtopf zubereiten. Französische Hausfrauen verwendeten einst eine spezielle „Daubière", deren Deckel so geformt war, daß man brennende Kohlen darauf versammeln konnte, um eine möglichst gleichmäßige Hitze zu erzielen.

800 g Rindfleisch (Schwanzstück), 1 Zwiebel, 2 Karotten, 100 g Champignons, 150 g roher Schinken, 1 Glas kräftiger Rotwein, Salz, schwarzer Pfeffer, 200 g Kartoffeln

Rindfleisch waschen, trockentupfen und in große Würfel schneiden. Zwiebel schälen und fein hacken, Karotten putzen und in dünne Scheiben schneiden, Champignons putzen, die größeren halbieren oder vierteln. Schinken fein würfeln. Alles in einen großen Topf mit dicht schließendem Deckel geben, den Rotwein dazugeben und so viel Wasser angießen, daß das Fleisch gut bedeckt ist. Leicht salzen und kräftig pfeffern, zum Kochen bringen. Spalt zwischen Topf und Deckel mit dickem Mehlkleister abdichten. Das Gericht in den vorgeheizten Backofen schieben, 2 bis 2 1/2 Stunden bei schwacher Hitze garen, dann die geschälten und geviertelten Kartoffeln dazugeben und weitere 60 Minuten garen. Mit Stangenweißbrot zu Tisch geben, nach Belieben noch einen frischen Salat dazu reichen. Ein nicht zu schwerer Rotwein käme als Begleitgetränk in Frage.

Betrunkene Jungfern

Sie hießen schon im vorigen Jahrhundert so oder ähnlich, die in Fett ausgebackenen Teigbällchen, zu denen es eine Wein-Orangen-Soße gibt: betrunkene oder trunkene oder auch besoffene Jungfern oder Jungfrauen. Als Dessert sind sie am besten geeignet – wenn auch nicht unbedingt für Kinder, weil schließlich doch einige Alkoholprozente darin verborgen sind.

50 g Rosinen, 1 Schnapsglas Weinbrand oder Grappa; für den Teig: 3 Eiweiß, 2 Eßlöffel Wasser, 75 g Zucker, 1 Prise Salz, abgeriebene Schale einer Zitrone, 3 Eigelb, 100 g Mehl; Ausbackfett; für die Soße: 1/4 l Weißwein, 1/4 l Orangensaft, 100 g Zucker, 40 g gehackte Mandeln, 20 g Speisestärke

Rosinen in einer Schüssel mit kochendem Wasser überbrühen, auf einem Sieb abtropfen lassen. Wieder in die Schüssel geben, mit Weinbrand oder Grappa begießen und zugedeckt ziehen lassen. Für den Teig Eiweiß mit Wasser zu steifem Schnee schlagen, nach und nach Zucker, Salz und Zitronenschale dazugeben, dann die Eigelb einzeln unterrühren. Das Mehl in die Schüssel geben und mit dem Eischnee vermengen. Ausbackfett erhitzen. Mit zwei in das heiße Fett getauchten Teelöffeln Teigbällchen abstechen und portionsweise goldgelb backen, auf Küchenkrepp abfetten lassen. Die Teigbällchen warm stellen, bis alle fertig sind. Für die Soße Weißwein und Orangensaft mit Zucker und Mandeln unter Rühren in einem Topf aufkochen. Speisestärke mit wenig kaltem Wasser anrühren, in die Soße geben und kurz aufkochen lassen. Rosinen mit Flüssigkeit in die Soße geben. Die heiße Soße über die Bällchen gießen und sofort als Nachtisch servieren.

Bettelmann

Ein typisches Restegericht, für das die Hausfrau alle Schwarzbrotreste zusammenklaubt, für die sich keiner in der Familie mehr interessiert, weil sie schon zu trocken sind. Daher auch der Name Bettelmann, der indessen nicht überall gilt. In manchen Gegenden wird das Gericht Scheiterhaufen oder Brotpudding genannt. In der Oberpfalz verwendet man altbackene Semmeln dazu und spricht von „Semmelwaba". Wer den Bettelmann anreichern will, füllt ihn zusätzlich mit eingeweichten Backpflaumen auf, die ausgezeichnet zu Schwarzbrot und Rotwein passen.

350 g altbackenes Schwarzbrot, 1/2 l Weißwein, 1 kg säuerliche Äpfel, 20 g Butter für die Form, 1/2 Teelöffel gemahlene Nelken, 1/2 Teelöffel gemahlener Zimt, etwa 150 g Zucker (je nach Säuregrad der Äpfel), 125 g Rosinen; Zimtzucker, 1/2 l Milch

Schwarzbrot zerbröckeln oder zerschneiden, in einer Schüssel mit dem Wein übergießen, 3 Stunden ziehen lassen. Äpfel waschen, schälen, vom Kernhaus befreien und in Würfel oder Scheiben schneiden. Eine ofenfeste Form buttern und schichtweise abwechselnd Schwarzbrot und Äpfel hineingeben, jede Schicht mit Nelken und Zimt würzen, zuckern und mit Rosinen bestreuen. Die abschließende Schicht besteht aus Brot. Die Form in den vorgeheizten Ofen schieben und den Bettelmann etwa 45–60 Minuten bei 200°C backen. Heiß zu Tisch geben – jeder bestreut seine Portion nach Belieben mit Zimtzucker und gießt kalte Milch darüber.

Birnen in Burgunder
Poires au vin

Birnen vertragen sich besonders gut mit Rotwein. Das beweist dieses in ganz Frankreich verbreitete Rezept. Die Zimtwürze darf dabei nicht fehlen. Wenn Sie den Birnengeschmack verstärken wollen, können Sie die eingekochte Soße noch mit einem Schnapsglas Birnenbrannt (z. B. Williamine) verfeinern. In Frankreich werden die Birnen übrigens im allgemeinen nicht halbiert, sondern nur geschält. Dabei bleibt der Stiel dran. Gegessen werden sie trotzdem nicht aus der Hand, sondern mit Löffel und Gabel aus dem Dessertbesteck. Achten Sie beim Birnenkauf auf große, aromatische, aber nicht zu weiche Birnen – und kochen Sie sie so, daß sie bißfest bleiben. Sonst werden Sie mit den Birnen in Burgunder, die recht kühl auf den Tisch kommen sollten, nicht viel Freude haben.

500 g Birnen, 1/2 l Rotwein (Burgunder), 150 g Zucker, 1/8 l Wasser, 1/2 Stange Zimt, abgeriebene Schale einer Zitrone

Birnen schälen, halbieren und vom Kernhaus befreien. Rotwein mit Zucker, Wasser, Zimt und abgeriebener Zitronenschale zum Kochen bringen, die Birnen darin in 12–15 Minuten bißfest garen und in der Weinbrühe abkühlen lassen. Die Birnen aus der Brühe nehmen und in eine Glasschüssel geben. Die Brühe bei schwächster Hitze etwa auf die Hälfte einkochen. Zimtstange herausnehmen, die Soße durch ein Sieb geben und abkühlen lassen. Birnenhälften mit Soßenüberzug servieren. (Wer das Verfahren vereinfachen will, kann die Weinbrühe auch mit etwas kalt angerührter Speisestärke binden. Besser schmeckt die eingekochte Soße.)

Eingemachtes Kalbfleisch

Hier wird natürlich nichts „eingemacht" im Sinne von Einkochen oder Konservieren. Das weit verbreitete Kalbfleischgericht hat seinen Namen von Einlegen in eine Marinade aus Weißwein und Essig. Im übrigen handelt es sich schlicht um Kalbfleisch mit Soße.

1 kg Kalbfleisch (Brust, Kamm), 1 Zwiebel, 3 Nelken, 1 Lorbeerblatt, 1 Teelöffel Essig, 1/2 l Weißwein, 1/2 l Wasser, Salz; für die Soße: 40 g Butter, 40 g Mehl, 3/8 l Kochbrühe, 1/8 l Weißwein, 1 Eßlöffel Zitronensaft, 2 Eßlöffel Sahne, 1 Eigelb; 1/2 Bund Petersilie

Kalbfleisch waschen, trockentupfen, in 2–3 cm große Stücke schneiden. Zwiebel grob hacken, mit Nelken, Lorbeerblatt, Essig und Weißwein zu Marinade mischen und das Fleisch über Nacht darin ziehen lassen, hin und wieder wenden. Wasser und Salz dazugeben, das Fleisch in dieser Mischung in 20–25 Minuten gar kochen. Für die Soße Butter erhitzen und das Mehl darin anschwitzen, mit 3/8 l heißer Kochbrühe und 1/8 l Weißwein auffüllen, gut umrühren und das Fleisch hineingeben, weitere 10 Minuten garen. Die Soße mit Zitronensaft abschmecken, von der Brennstelle nehmen, die mit Eigelb verquirlte Sahne hineinrühren. Das eingemachte Kalbfleisch mit gehackter Petersilie bestreut reichen. Dazu gibt es im allgemeinen Spätzle oder andere Teigwaren – in Franken beispielsweise Bandnudeln, die in üppigeren Zeiten mit in Butter gebräuntem Semmelmehl übergossen wurden. Als Getränk wäre ein Frankenwein zu empfehlen.

Elsässer Fleischtopf mit Kartoffeln

Bäckeofe

Wenn bei der elsässischen Hausfrau einst große Wäsche stattfand, blieb keine Zeit für große Kochbemühungen. Es wurde deshalb ein Eintopf aus Fleisch und Kartoffeln vorbereitet, der nur zum Bäcker getragen zu werden brauchte. Im Backofen des Bäckers, dem Bäckerofen, wurde das Waschtagsgericht in ein paar Stunden gar, ohne daß zwischendurch nachkontrolliert werden mußte. Wichtig ist eine Backform mit fest schließendem Deckel. Ist das nicht der Fall, kann man den Spalt mit dickem Mehlkleister zustreichen. Es ist aber auch möglich, den Eintopf im Schnellkochtopf oder in einer Tonform gar werden zu lassen.

*350 g Schweineschulter,
350 g Hammelschulter, 350 g Rinderbrust,
200 g Zwiebeln, 1/2 l trockener Weißwein
(Silvaner oder Edelzwicker), 2 zerdrückte
Knoblauchzehen, 1 Bouquet garni (Petersilie,
Lorbeerblatt, Thymian), 750 g Kartoffeln,
Salz, schwarzer Pfeffer, etwas Fett für die Form*

Fleisch vorbereiten, in große Würfel (80 bis 100 g) schneiden. Zwiebeln schälen und fein hacken. Wein in einen Topf geben, Fleisch, Zwiebeln, Knoblauch und Bouquet garni hinzufügen. 5 Stunden marinieren, dabei gelegentlich umrühren. Kartoffeln schälen, waschen und in dünne Scheiben schneiden. Eine ofenfeste Deckelform fetten, schichtweise abwechselnd Kartoffeln und Fleisch mit Zwiebeln hineingeben, jede Schicht salzen und pfeffern. Marinadewein durchsieben und in die Form gießen. Die Form schließen und im vorgeheizten Backofen in 2–3 Stunden bei 220°C garen. Dazu paßt grüner Salat, als Getränk ein nicht zu lieblicher Weißwein aus dem Elsaß.

Ente mit Madeirakirschen

Daß Enten- und Sauerkirschengeschmack ausgezeichnet zusammenpassen, erfand ein Kochkünstler, dessen Name nicht überliefert ist. Die Schattenmorellen nehmen Sie am besten aus der Dose. Frische Kirschen müßten noch gedünstet werden, beispielsweise im abgetropften Entenfett. Der Madeira, ein nicht zu süßer Dessertwein von der portugiesischen Insel gleichen Namens und bis zu zwanzig Volumenprozent stark, verleiht dem Gericht den letzten Pfiff. Nehmen Sie einen trockenen Sercial oder den etwas lieblicheren Verdelho.

1 bratfertige Ente (etwa 2 kg schwer), Salz, 1 Kräuterbündel, 1 Tasse heißes Wasser, 1/4 l Fleischbrühe, 250 g entsteinte Schattenmorellen, 2 Weingläser Madeira, 1 Teelöffel Speisestärke

Ente waschen, mit Küchenkrepp trockentupfen, innen und außen salzen. Kräuterbündel hineingeben. Die Ente auf den Rost legen und mit der Bratenschale in den vorgeheizten Backofen schieben. Knapp 1 Tasse heißes Wasser in die Bratenschale gießen. Die Ente bei etwa 220°C in 100 bis 120 Minuten gar braten (je nach Gewicht und Alter). Zwischendurch mit Bratensud und heißer Fleischbrühe begießen. 10 Minuten vor Ende der Garzeit die Ente mit Salzwasser bepinseln und bei stärkerer Hitze fertigbraten, damit die Haut knusprig wird. Die Ente auf einer vorgewärmten Platte warmhalten. Bratensatz in einen Topf geben, die Kirschen dazugeben und erhitzen. Madeira mit Speisestärke mischen und in die Soße geben, nochmals kurz aufkochen. Die Ente mit Kirschen umlegt und mit Soße umzogen zu Tisch geben. Dazu Salzkartoffeln oder Kartoffelknödel. Als Getränk kommt ein herzhafter Rotwein in Frage.

Fasan im Sauerkrautbett

Faisan à la choucroute

Der Fasan verträgt sich gut mit Sauerkraut, vor allem, wenn es wie hier mit Weißwein gegart wird. Den gleichen Wein sollten Sie auch als Tischgetränk verwenden. Wenn Sie auf die Speck- und Wurstbeigabe verzichten wollen, sollten Sie die Schmalzportion um die Hälfte erhöhen – zu trockenes Kraut schmeckt nicht besonders.

---

*80 g Gänseschmalz, 1 kg Sauerkraut,
1 Zwiebel, 1 Lorbeerblatt, 2 Gewürznelken,
5 Wacholderbeeren, 200 g Räucherspeck,
1 geräucherte Wurst zum Kochen,
3/8 l Weißwein, 1/8 l Fleischbrühe,
1 küchenfertiger Fasan, 40 g Butter, Salz,
weißer Pfeffer*

Gänseschmalz in einem großen Topf zergehen lassen. Die Hälfte des Sauerkrauts daraufgeben. Geschnittene Zwiebel, Lorbeerblatt, Gewürznelken und Wacholderbeeren darauf verteilen, Räucherspeck (im Stück) und Wurst auflegen und mit dem restlichen Sauerkraut zudecken. Wein und Brühe angießen, das Kraut zum Kochen bringen und 60 Minuten bei schwacher Hitze kochen lassen. Fasan unter fließendem Wasser abspülen, abtropfen lassen und mit Küchenkrepp trockentupfen. Den Vogel in der Bratenpfanne in heißer Butter 10 Minuten von allen Seiten anbraten, salzen und pfeffern und in den Sauerkrauttopf geben. Zugedeckt weitere 30 Minuten garen. Das Sauerkraut abschmecken und auf eine vorgewärmte Platte legen, den Fasan darauf anrichten. Speck und Wurst in Scheiben schneiden und das Sauerkraut damit garnieren. Dazu kann man Kartoffelpüree reichen. Als Getränk paßt ein trockener Weißwein am besten – etwa ein Frankenwein oder ein Silvaner aus dem Elsaß.

Fenchel in Rotweinsoße

Fenouil au vin rouge

Fenchel verträgt sich gut mit einer würzigen Weinsoße. Bei unserem Rezept ist Rotwein vorgeschrieben – es könnte sich um einen halbtrockenen Burgunder, um einen Wein von der Loire oder auch um einen badischen Rotwein handeln. Zur Abwechslung können Sie es aber auch mit einem milden Weißwein probieren – dann fällt die Muskatwürze weg zugunsten von Edelsüßpaprika, Knoblauch und Tomatenmark. Die Fenchelknollen, zur Unterscheidung vom Gewürzfenchel auch Gemüsefenchel genannt, kommen vor allem aus Frankreich (dem wir auch unser Rezept verdanken) und Italien. Was allgemein „Fenchelknolle" genannt wird, ist in Wirklichkeit eine verdickte Blattstielbasis. Für Soßengerichte ist Fenchel besonders gut geeignet, aber auch für leckere Salate. Fenchel ist reich an Vitamin C.

*4 kleine Knollen Gemüsefenchel,
1/4 l Rotwein, 2 Eßlöffel Zitronensaft, Salz,
geriebene Muskatnuß, Mehlbutter aus
30 g Butter und 30 g Mehl*

Fenchelknollen putzen, dabei welke und holzige Blätter entfernen, den Wurzelansatz wegschneiden. Die Knollen in dicke Scheiben schneiden. Wein mit Zitronensaft erhitzen, die Fenchelscheiben hineingeben, salzen und mit Muskat würzen, etwa 15 Minuten kochen lassen. Butter und Mehl miteinander verkneten, portionsweise in die kochende Weinbrühe geben. Die Soße 8 Minuten durchkochen und nochmals abschmecken. Dazu paßt Kartoffelpüree, als Getränk ein leichter Rot- oder auch ein herzhafter Weißwein.

Feuerzangenbowle

Unter den „brennenden" Punschen ist die Feuerzangenbowle am berühmtesten, seit Heinrich Spoerl sie in den Mittelpunkt seines gleichnamigen Romans stellte. So definierte der Autor das Gebräu: „Eine Feuerzangenbowle hat es in sich. Nicht wegen des Katers; das ist eine Sache für sich. Eine Feuerzangenbowle ist keine Bowle. Sie ist ein Mittelding zwischen Gesöff und Hexerei. Bier sackt in die Beine. Wein legt sich auf die Zunge. Schnaps kriecht ins Gehirn. Eine Feuerzangenbowle aber geht ans Gemüt. Weich und warm hüllt sie die Seelen ein, nimmt die Erdenschwere hinweg und löst alles auf in Dunst und Nebel."

Für 6–8 Personen:
3 Flaschen Rotwein, 5 Nelken, 1/2 Stange Zimt, Schale einer Orange, 1 kleine Flasche 54prozentiger Rum, 1 kleiner Zuckerhut

Rotwein in einem Kupferkessel erhitzen, dabei die Würzbeigaben in einem Mullsäckchen in den Wein hängen. Den Spiritusbrenner (Réchaud) oder einen kleinen Elektrokocher auf den Tisch oder (besser) einen Hocker stellen und den Kessel mit dem heißen Wein daraufsetzen. Feuerzange (wird mit Zuckerhut und Rum mitgeliefert) quer über den Kessel legen, darauf den Zuckerhut geben. Rum in den Schöpflöffel gießen und den Zuckerhut damit beträufeln, bis er sich vollgesaugt hat. Den Rum anzünden, so daß der Zucker zu schmelzen und in den Rotwein zu tropfen beginnt. Immer wieder Rum nachschöpfen, bis die Flasche leer und der ganze Zucker (oder, nach Geschmack, der größte Teil davon) in den Wein getropft ist. Das Gewürzsäckchen entfernen, die Feuerzangenbowle in Punschgläsern servieren.

Fischsalat mit Ravigotesoße

Salade de poisson sauce ravigote

Ein Salat für eine besondere Gelegenheit. Seinen speziellen Geschmack bezieht er vom Weißwein, in dem der Fisch gedünstet wird, und von der Ravigotesoße – mit vielen Kräutern.

750 g Fischfilet (Kabeljau, Goldbarsch o. ä.), 1/4 l Meursault oder Chablis, 4 Eßlöffel Zitronensaft, Salz, weißer Pfeffer, 4 Tomaten, 1 Zwiebel, 3 Eßlöffel gefüllte schwarze Oliven, 1/2 gedünstete Fenchelknolle, 1 kleiner Zucchino (Courgette, Gurkenkürbis), 1 kleine Dose Erbsen, 1/2 Bund Petersilie, 1 kleines Sträußchen Dill; für die Ravigotesoße: 1/8 l Estragonessig, 1/2 Bund Petersilie, je 1 Teelöffel gehackter Estragon und Kerbel, 1 Teelöffel Kapern, 1 Zwiebel, Salz, weißer Pfeffer, 1/8 l Olivenöl

Fischfilet vorbereiten, 10–12 Minuten in Meursault oder Chablis dünsten, erkalten lassen und aus dem Sud nehmen, gut abtropfen lassen. Die Filets zerpflücken oder zerschneiden, mit Zitronensaft beträufelt und mit Salz und Pfeffer bestreut 1 Stunde ziehen lassen. Tomaten überbrühen, abziehen und in Scheiben schneiden, Zwiebel fein hacken, Oliven in dünne Scheiben schneiden, Fenchel in Streifen, Zucchino in dünne Scheiben schneiden. Gemüse in einer Salatschüssel mit dem Fisch vermengen, die abgetropften Erbsen hineinmischen, Petersilie und Dill hacken und über den Salat streuen. Für die Ravigotesoße Essig in einer Schüssel mit gehackter Petersilie, Estragon und Kerbel verrühren, Kapern und feingehackte Zwiebel dazugeben, mit Salz und Pfeffer würzen. Zuletzt das Öl darüber gießen. Die Soße über den Salat gießen und alles vorsichtig vermischen, bis zum Servieren 1 Stunde kühl durchziehen lassen.

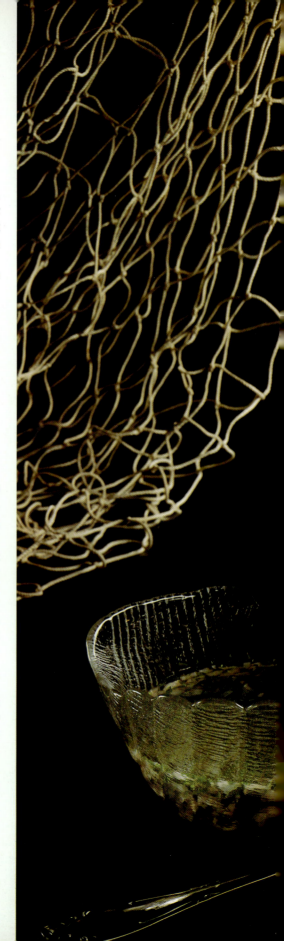

Forellen auf baskische Art

Truchas à la vizcaina

Forellen ißt man hierzulande entweder blau gesotten oder nach Art der Müllerin, mit einer Mehlhaut gebraten. Im spanischen Baskenland komponierten Hausfrauen ein ganzes Gericht mit allen Beilagen daraus. Für die Marinade könnten Sie beispielsweise einen Rioja verwenden – vielleicht einen von der leichteren Sorte.

4 küchenfertige Forellen; für die Marinade: 1/2 Flasche Rotwein, 1 Teelöffel Pfefferkörner, je 1/2 Teelöffel zerriebener Thymian und Rosmarin, 1 Lorbeerblatt, 1 kleine Zwiebel, 1/2 Eßlöffel feingehackte Petersilie; 250 g Kartoffeln, 200 g Karotten; 2 Eigelb, 1/8 l Sahne, 1 Zitrone

Forellen vorbereiten, 2–3 Stunden in einer Marinade aus den angegebenen Zutaten zugedeckt ziehen lassen. Dann die Forellen in der Marinade aufsetzen und bei schwacher Hitze garen. Die Fische herausnehmen und abtropfen lassen, auf eine vorgewärmte Platte legen und warmstellen. Kartoffeln schälen, halbieren und in leicht gesalzenem Wasser garen. Karotten putzen und ganz oder geteilt ebenfalls garen. Die Forellenmarinade durchsieben, nochmals aufkochen, von der Brennstelle nehmen. Eigelb mit Sahne verquirlen und in die Soße rühren, nicht mehr kochen. Kartoffeln und Karotten abtropfen lassen und um die Forellen legen. Die abgeschmeckte Soße teils über die Fische gießen, teils gesondert reichen. Die Forellen mit Zitronenachteln garniert servieren. Dazu paßt ein frischer Rotwein oder auch ein herzhafter, trockener Weißwein.

Frankfurter Maiwein

Diese Spezialbowle bezieht ihre Eigenart von einer sorgsam zusammengestellten Mischung frischer Kräuter. Das Rezept stammt aus einem Kochbuch, das zu Beginn des 19. Jahrhunderts erschien. Gewürzte Weine hat es freilich schon viel früher gegeben. Die alten Ägypter würzten ihren Wein mit unterschiedlichen Ingredienzien, und bei Griechen und Römern war es nicht anders. Apicius überlieferte in seinem achtbändigen Kochkunstwerk das erste „richtige" Bowlenrezept. Wir dürfen deshalb annehmen, daß Nero und Tiberius schon Wein tranken, der nach Rosenblättern, Veilchen oder Fichtennadeln duftete. In Deutschland setzte sich die Bowle im heutigen Sinn erst viel später durch. Das älteste deutsche Kochbuch aus dem 14. Jahrhundert weiß noch nichts davon, verbreitet sich aber ausführlich über germanischen Honigwein (Met).

---

1 kleines Bündel Waldmeister ohne Blüten, 15 Blätter von schwarzen Johannisbeeren, je 2–3 Blätter Pfefferminze, Estragon, Pimpinelle, Thymian und Salbei, 150 g Zucker, 1 Flasche Rheinwein, 1 Flasche Moselwein, 1 Zitrone

---

Kräuter und Zucker in ein Bowlengefäß geben, 1/2 Flasche Wein dazugießen, zugedeckt 1 Stunde ziehen lassen. Den Wein durch ein Mulltuch abgießen und wieder in das Bowlengefäß tun, mit dem restlichen Wein mischen. Zitrone unter heißem Wasser abwaschen, abtrocknen und in Scheiben schneiden. Die Zitronenscheiben 30 Minuten in der Bowle ziehen lassen, dann wieder herausnehmen. Nach Belieben die Bowle mit ein paar Blüten (Erdbeeren, Veilchen, Äpfel) verzieren und/oder zusätzlich noch eine Flasche Sekt hineingießen. Gut gekühlt in Bowlengläsern servieren.

Garnierte Ochsenzunge

Für 8 Personen:
1 Ochsenzunge (etwa 1,5 kg), Salz;
für die Marinade: 2 Flaschen Weißwein,
je 4 Eßlöffel Weinessig und Cognac,
3 Karotten, 2–3 Zwiebeln, 4 Eßlöffel Olivenöl,
3 Knoblauchzehen, 1 Bouquet garni
(Petersilie, Lorbeerblatt, Thymian,
Selleriegrün), Pfeffer, Salz;
100 g Schweineschmalz, 60 g Mehl;
250 g sehr kleine Zwiebeln, 20 g Butter,
je 1 Prise Salz und Zucker;
200 g Champignons, 20 g Butter, 2 Teelöffel
Zitronensaft

Ochsenzunge kräftig mit Salz einreiben, 24 Stunden kühl und zugedeckt stehen lassen. Dann die Zunge mit kaltem Wasser bedeckt aufsetzen und zum Kochen bringen, 10 Minuten kräftig kochen lassen. Mit kaltem Wasser abschrecken und die Haut abziehen. Marinadezutaten mischen. Die Zunge mit Marinade bedeckt 24 Stunden kühl durchziehen lassen, gelegentlich wenden. Zunge aus der Marinade nehmen, mit Küchenkrepp trockentupfen, in heißem Schweineschmalz von allen Seiten anbraten. Gemüse aus der Marinade fischen, dazugeben und andünsten, Mehl überstäuben und mit der durchgesiebten Marinade auffüllen. Die Zunge in etwa 3 Stunden garen. Zwiebeln unzerschnitten mit Wasser bedeckt zum Kochen bringen, Butter, Salz und Zucker dazugeben. Bei schwacher Hitze kochen, bis das Wasser verdunstet ist und die Zwiebeln glasiert sind. Champignons in Wasser mit Butter und Zitronensaft garen, abtropfen lassen, salzen und pfeffern. Die Zunge herausnehmen, in Scheiben schneiden und auf einer Platte anrichten. Zwiebeln und Champignons herumlegen, die durchpassierte Soße abschmecken und übergießen. Dazu paßt ein kräftiger Rotwein am besten.

Gascogner Hase

Für 6 Personen:
1 bratfertiger Hase, Salz, schwarzer Pfeffer;
für die Marinade: 1 Karotte, 1 Zwiebel,
2 Knoblauchzehen, 1 Scheibe Sellerie,
2 Nelken, 8 Pfefferkörner,
4 Wacholderbeeren, 1/2 Teelöffel
Thymianpulver, 1 Lorbeerblatt, 2 Eßlöffel
Armagnac, 1/2 Flasche Rotwein, 2 Eßlöffel
Olivenöl; für das Schmoren: 100 g fetter
Schinken, 2 Zwiebeln, 1 Karotte,
60 g Schweineschmalz, 2 Eßlöffel Mehl,
1/2 Flasche Rotwein, 1 Bouquet garni
(Petersilie, Lorbeerblatt, Thymian),
2 Knoblauchzehen, 2 säuerliche Äpfel, Salz,
schwarzer Pfeffer, 6 Eßlöffel Armagnac;
für die Soße: 100 g fetter Schinken,
6 Schalotten, 4 Knoblauchzehen,
1 Bund Petersilie, 1/2 Bund Schnittlauch,
2 Stengel Estragon, 100 g Semmelmehl,
1 Eßlöffel Armagnac, 3 Eßlöffel Sahne

Hase in Portionsstücke teilen, salzen und pfeffern, Leber beiseite legen. Marinadezutaten mischen, dazu Gemüse grob schneiden. Hasenfleisch 24 Stunden darin marinieren, gelegentlich wenden. Fleisch herausnehmen und trockentupfen, mit gewürfeltem Schinken, gehackten Zwiebeln und Karotte in heißem Schmalz bräunen. Mehl überstäuben und bräunen, mit Wein ablöschen. Bouquet garni, gehackten Knoblauch, in Scheiben geschnittene Äpfel dazugeben, salzen und pfeffern. Aufkochen, mit Armagnac flambieren, zugedeckt 60 Minuten garen. Marinade 30 Minuten kochen und durchseihen. Hasenstücke aus dem Topf nehmen, Soße durchsieben, mit der Marinade mischen. Hasenstücke hineingeben, weitere 2 Stunden garen. Soßenzutaten im Mixer zerkleinern, mit Armagnac verrühren. Die Mischung in die Hasensoße rühren, 30 Minuten köcheln lassen. Von der Brennstelle nehmen und die Sahne hineinrühren. Dazu: Teigwaren, Salate – und ein herzhafter Rotwein.

Gebackene Äpfel mit Honig

Jabuke pečene

Ein Rezept aus Jugoslawien, das es aber in ähnlicher Form auch in anderen Ländern mit reicher Apfelernte geben mag. In unserem Fall werden die Äpfel mit Honig gefüllt. Für die Füllung gibt es viele andere Möglichkeiten: Rosinen, Nüsse, Preiselbeeren, Konfitüren der verschiedensten Art sind nur einige davon. Der anzugießende Weißwein darf nicht geschmacksschwach sein, damit die Äpfel etwas von seinem Aroma mitbekommen. Notfalls kann man den Wein aber auch „verstärken", etwa mit einem Schnapsglas Cognac oder Calvados oder schlichtem Obstler. Die gebackenen Äpfel sollten frisch aus dem Ofen auf den Tisch kommen, so duften und schmecken sie am besten. Der am Schluß des Rezeptes vorgesehene Überguß sorgt für einen glasurartigen Überzug der Äpfel.

8 große, feste Äpfel, 6–8 Eßlöffel Honig, 1/4 l Weißwein, 10 g Butter, 1 Eßlöffel Zucker; Vanillesoße oder Sahne

Äpfel waschen und abtrocknen, die Mitte so aushöhlen, daß das Kernhaus entfernt wird, der Boden jedoch geschlossen bleibt. Die Äpfel in eine ofenfeste Form stellen, jede Öffnung mit Honig füllen. Wein angießen, die Äpfel im vorgeheizten Backofen bei 180°C 10–15 Minuten (je nach Apfelgröße und -sorte) backen. Butter und Zucker mit 2 Eßlöffel Wasser verrühren und erhitzen, über die Äpfel verteilen. Die Form nochmals kurz in den Ofen schieben. Die Äpfel heiß servieren – nach Belieben ohne Beigabe, mit Vanillesoße oder Sahne.

Gebratene Nieren in Weißwein

Rognons au vin blanc en casserole

Im allgemeinen sind Innereien nährstoffreicher – und billiger – als andere Fleischteile. Trotzdem reicht die Alltagsküche meist nicht über die gelegentliche Verwendung von Leber hinaus. Das ist schade. Wer einmal an Kalbsbries und Nieren, gedünstetem Herz in Currysahne oder zartem gebackenem Kalbshirn Gefallen gefunden hat, weiß, was er bisher versäumt hat.

4 Eßlöffel Butter, 2 Kalbsnieren, 50 g Schalotten, 1/8 l trockener Weißwein, 3 Eßlöffel Butter, 1–2 Eßlöffel scharfer Senf (nach Geschmack), Salz, schwarzer Pfeffer, 1–2 Teelöffel Zitronensaft, 2 Eßlöffel gehackte Petersilie

Butter in einer Pfanne erhitzen, die von Haut und Fett befreiten, gewaschenen und trockengetupften Nieren hineingeben und in 10–12 Minuten bräunen und garen, auf eine vorgewärmte Platte geben. Schalotten fein schneiden oder hacken, in die Pfanne geben und in der restlichen heißen Butter anrösten. Wein angießen, die Schalotten bei kräftiger Hitze garen und den Wein etwa auf die Hälfte einkochen, dabei den Bratensatz unter Umrühren loskochen. Zweite Butterportion (3 Eßlöffel) schaumig rühren, Senf, Salz und schwarzen Pfeffer einarbeiten. Die Buttermischung eßlöffelweise mit der von der Brennstelle genommenen Zwiebelsoße verrühren. Die Nieren in dünne Scheiben schneiden, in die Soße geben und mit Zitronensaft abschmecken. Die Soße nochmals kurz aufkochen. Die Nieren mit gehackter Petersilie bestreut zu Reis, Teigwaren oder Kartoffelpüree servieren und einen frischen Salat dazu anbieten. Getränke: herzhafter und trockener Weißwein oder leichter Rotwein.

Gebratene Weinkartoffeln

Kartoffeln mit Weißwein? Für die Hausfrauen in der Rheinpfalz ist das keine Frage. Die gebrätelten Woi-Grumbeere gehören bei ihnen zur Küchenüberlieferung – schon die Uroma verstand sie zuzubereiten, vor allem am Monatsende, wenn das Haushaltsgeld zur Neige ging und etwas Preiswertes und doch Schmackhaftes auf den Tisch gebracht werden mußte. Die Zubereitung verläuft in drei Stufen: Zuerst werden die Kartoffeln knusprig gebraten, dann mit Brühe und Wein begossen weichgedünstet, anschließend in der offenen Pfanne wieder etwas bißfester gemacht, wobei Flüssigkeit entfleucht, der originelle Geschmack jedoch erhalten bleibt. Man kann die Weinkartoffeln als Beilage essen, sie schmecken aber auch als selbständiges Gericht, etwa zum Abendessen.

1 kg Kartoffeln, 2 Zwiebeln, 60 g Schweineschmalz, 1 Glas Weißwein, 1 Tasse Fleischbrühe, 1 Lorbeerblatt, Salz, weißer Pfeffer

Kartoffeln schälen, waschen und in möglichst dünne Scheiben schneiden. Zwiebeln schälen und in Würfel schneiden, in der Pfanne in heißem Schweineschmalz goldgelb braten, dann die Kartoffelscheiben hinzufügen, unter regelmäßigem Wenden bei kräftiger Hitze etwa 12 Minuten von allen Seiten knusprig braten. Wein und Fleischbrühe angießen und das Lorbeerblatt dazugeben (vor dem Anrichten wieder herausnehmen). Die Pfanne zudecken und die Weinkartoffeln 25 Minuten weich dünsten. Mit Salz und Pfeffer würzen, nicht zugedeckt nochmals 12 Minuten garen, bis der größte Teil der Flüssigkeit verdunstet ist. Als Beilage zu beliebigem Braten oder auch mit kräftiger Wurst reichen. Dazu könnte man einen Pfälzer Weißwein trinken.

Gefüllte Artischocken barigoule

Artichauts à la barigoule

4 große (oder 8 kleine) Artischocken, Zitronensaft, Salz; für die Füllung: 200 g frischer Bauchspeck, 1 große Zwiebel, 1 Schalotte, 50 g Butter, 125 g frische Champignons, 2 Eßlöffel gehackte Petersilie, Salz, weißer Pfeffer, geriebene Muskatnuß, 2 Eßlöffel Olivenöl, 1/2 l trockener Weißwein, 1 Bouquet garni (Petersilie, Thymian, Lorbeerblatt); für die Soße: 20 g Butter, 20 g Mehl

Stiele der Artischocken wegschneiden, die obersten Blattspitzen kappen, die 3–4 untersten Blätter entfernen. Alle Schnittstellen sofort mit Zitronensaft einreiben, um Verfärbungen zu verhüten. Die Artischocken in siedendes Salzwasser mit etwas Zitronensaft geben und bei mäßiger Hitze etwa 25–30 Minuten kochen. Artischocken herausnehmen und abtropfen lassen, das Heu entfernen und die Blätter wie einen Blütenkelch auseinanderspreizen. Für die Füllung Speck, Zwiebel und Schalotte sehr fein schneiden oder hacken, in der Hälfte der Butter goldgelb anrösten, dann die feingehackten Champignons und die Petersilie hinzufügen, mit Salz, Pfeffer und Muskat würzen und 5–8 Minuten dünsten (die Masse soll möglichst trocken ausfallen). Die Artischocken mit der Mischung füllen. Restliche Butter und Olivenöl in einem Topf erhitzen, die gefüllten Artischocken hineinstellen und 10 Minuten dünsten, dann mit Wein umgießen, das Bouquet garni hineingeben und 25 Minuten zugedeckt garen. Artischocken herausnehmen und warmstellen, Bouquet garni entfernen. Soße mit Mehlbutter binden und abschmecken, über die Artischocken gießen. Dazu paßt ein Weißwein aus der Provence.

Gefüllter Hecht im Weinsud

Im Weinsud wird der Hecht gegart, er kommt mit einer Soße auf den Tisch, für die der Kochsud mitverwendet werden kann. Achten Sie darauf, daß die Fleischfüllung pikant abgeschmeckt wird.

1 mittelgroßer Hecht, Zitronensaft; für die Füllung: 300 g Hackfleisch (halb Schwein, halb Rind), 1 Dose Champignons, 1 Zwiebel, 1 Ei, Salz, schwarzer Pfeffer, etwas Semmelmehl (bei Bedarf); 1 Eßlöffel gehackter Dill, 2 Eßlöffel Zitronensaft, 1/2 l trockener Weißwein; für die Soße: 40 g Butter, 30 g Mehl, 1/4 l Fischkochsud, 1/4 l Milch, Salz, Muskat, Zitronensaft, 1 Eigelb, 20 g Butter

Hecht vorbereiten, unter fließendem Wasser gut abspülen, abtropfen lassen, mit Küchenkrepp trockentupfen. Den Hecht mit Zitronensaft beträufeln. Für die Füllung Hackfleisch mit fein geschnittenen Pilzen, gehackter Zwiebel, Ei, Salz und Pfeffer vermengen, bei Bedarf (wenn die Füllung zu locker gerät) etwas Semmelmehl dazugeben. Füllung in den Hecht geben, den Fisch mit gebrühtem Faden umwickeln. Etwa 3/4 l Wasser mit Dill, Zitronensaft, Salz und Weißwein aufkochen, den Hecht hineingeben und bei mäßiger Hitze in 40–50 Minuten garen. Für die Soße Butter erhitzen, das Mehl hineinstreuen und unter Rühren gut durchschwitzen lassen. Unter weiterem Rühren durchpassierten und erhitzten Fischsud und heiße Milch dazugeben, glattrühren und 8 Minuten kochen lassen. Soße von der Brennstelle nehmen, verquirltes Eigelb und Butter hineinrühren. Den Hecht auf einer vorgewärmten Platte mit Soße überziehen. Dazu Salzkartoffeln und Salat reichen, als Getränk einen kräftigen trockenen Weißwein.

Griechische Auberginenpfanne

Die klassische Zubereitung („Melidzanes moussaka") ist eine der wenigen, die einen Teil ihrer Würze von Wermutwein bezieht.

Für 6 Personen:
1,5 kg Auberginen, Salz, 1/2 Tasse Olivenöl, 750 g gemischtes Hackfleisch (Rind und Schwein), 2 Zwiebeln, 40 g Schweineschmalz, 1 Glas süßer Wermutwein, 500 g Tomaten, Salz, schwarzer Pfeffer, 1–2 Teelöffel Zucker, geriebene Muskatnuß, 1 Teelöffel Oregano, 3 Eßlöffel gehackte Petersilie, 1/2 Tasse Wasser, 6 Eßlöffel Semmelmehl, 2 Eier, 100 g Reibkäse (Emmentaler); für die Soße: 1 kleine Zwiebel, 50 g Schinkenspeck, 20 g Butter, 20 g Mehl, 1/8 l Fleischbrühe, 1/8 l Milch, Pfeffer, Salz, geriebene Muskatnuß, Zitronensaft

Auberginen waschen, in 1 cm dicke Scheiben schneiden, salzen und 2 Stunden ziehen lassen, dann abtrocknen und in heißem Öl goldbraun braten, herausnehmen und gut abtropfen lassen. Hackfleisch und fein gehackte Zwiebeln in Schmalz anschmoren, Wein angießen. Tomaten überbrühen, abziehen und fein schneiden, mit Salz, Pfeffer, Zucker, Muskat, Oregano und Petersilie zum Hackfleisch geben, Wasser angießen und alles 40–50 Minuten bei schwacher Hitze schmoren, dann Semmelmehl, verquirlte Eier und 20 g Käse dazugeben, abkühlen lassen. Boden einer ofenfesten Form mit Auberginenscheiben bedecken, Käse aufstreuen, die Hackfleischmischung darauf verteilen, restliche Auberginen daraufgeben und restlichen Käse aufstreuen. Für die Soße fein gewürfelte Zwiebel und Speck in Butter andünsten, Mehl darin anschwitzen, mit Brühe und Milch 8 Minuten durchkochen und mit den Gewürzen abschmecken. Soße über die Auberginen gießen, die Form 1–1 1/2 Stunden im Ofen backen.

Hähnchen in Rotwein

Coq au vin rouge

Ein klassisches Gericht der internationalen Geflügelküche. Wenn Sie Abwechslung lieben, sollten Sie es ausprobieren.

40 g durchwachsener Speck, 250 g Zwiebeln, 40 g Butter, 1/2 l Rotwein (Burgunder), Salz, 1 Knoblauchzehe, 1/2 Lorbeerblatt, 1 Hähnchen (etwa 1,2 kg), Salz, 40 g Butter, 30 g Mehl, 4 Eßlöffel Wasser, weißer Pfeffer, Cayennepfeffer, 1 Schnapsglas Cognac; zum Garnieren: 125 g Champignons (Dose), 30 g durchwachsener Speck, 20 g Butter, 2 Scheiben Weißbrot, 1/2 Bund Petersilie

Speck in dünne Scheiben schneiden, Zwiebeln würfeln, beides in der heißen Butter anrösten und mit Burgunder aufgießen, gut durchkochen. Knoblauch mit Salz zerdrücken, mit dem Lorbeerblatt zum Speck geben. Hähnchen in 6–8 Portionen teilen und salzen, in der Pfanne in heißer Butter anbraten. Die Keulen in die Rotweinbrühe geben und 10 Minuten bei schwacher Hitze kochen, dann die übrigen Hähnchenteile hinzufügen und alles in etwa 40 Minuten garen. Hähnchenteile herausnehmen und warmstellen. Mehl mit kaltem Wasser anrühren und in die Soße geben. 8 Minuten durchkochen, dabei gut umrühren. Die Soße mit Salz, Pfeffer und Cayennepfeffer abschmecken, den Cognac hineingeben. Hähnchenfleisch hinzufügen und gut durchziehen lassen. Zum Garnieren abgetropfte Champignons und in Streifen geschnittenen Speck in heißer Butter anbraten, über das Hähnchenfleisch geben. Brotscheiben toasten, in Dreiecke schneiden und das Gericht damit und mit Petersiliensträußchen verzieren. Zum Hähnchen in Rotwein Stangenweißbrot oder Reis servieren. Als Getränk paßt ein milder bis kräftiger Rotwein.

Hirschkeule gebraten

Eine Rotweinmarinade mit einem Hauch Ingwer gibt diesem Wildbraten sein besonderes Flair. Beim Garen wird er in Speckscheiben eingehüllt, damit er saftig bleibt.

*1 Hirschkeule; für die Marinade:
1/2 l Rotwein, 1/2 l Wasser, 1 Teelöffel Pfefferkörner, 2 Lorbeerblätter, 1 Stückchen Ingwer; Salz, 1/2 Teelöffel gemahlener Ingwer, 150 g dünne Speckscheiben, 60 g Butter, 2 Teelöffel Speisestärke nach Belieben, 1/4 l saure Sahne*

Hirschkeule vorbereiten, sorgfältig abziehen, unter fließendem Wasser abspülen und abtropfen lassen, in eine Schüssel legen. Rotwein mit Wasser mischen, die übrigen Marinadezutaten dazugeben. Die Marinade aufkochen und heiß über die Hirschkeule gießen. Das Fleisch 3–4 Tage in der Marinade ziehen lassen, dabei gelegentlich wenden. Dann die Hirschkeule herausnehmen, mit Küchenkrepp trockentupfen, mit Salz und Ingwerpulver einreiben und mit Speckscheiben umbinden. Das Fleisch in der Bratenpfanne mit heißer Butter übergießen, von allen Seiten kräftig anbraten, durchgesiebte Marinade angießen und den Braten garen (etwa 1 Stunde Bratzeit je kg Fleischgewicht). Das Fleisch zwischendurch mit Marinade beschöpfen. In den letzten 10 Minuten Speckscheiben abnehmen, damit die Oberfläche knuspriger wird. Fond mit Marinade aufkochen, nach Belieben den feingeschnittenen Speck hineingeben und die Soße mit 2 Teelöffel kalt angerührter Speisestärke binden. Die Soße von der Brennstelle nehmen und die Sahne hineinrühren, mit Salz und Pfeffer abschmecken. Dazu passen in Butter geschwenkter Rosenkohl, Preiselbeerkonfitüre und Kartoffelkroketten. Als Getränk ist kräftiger Rotwein vorzuziehen.

Hühnerfrikassee mit Morcheln

Fricassée de volaille aux morilles

Das Urheberrecht an diesem weltweit verbreiteten Frikassee beanspruchen die Burgunder, und zwar die Bewohner von Belley. *Sie* können das Rezept nach Geschmack abwandeln und beispielsweise noch Karotten, Erbsen und Lauch hineingeben. Auch bei der Würze gibt es Unterschiede: Nelken und Muskat neben Pfeffer und Salz – oder nicht? Nur auf die Morcheln dürfen Sie nicht verzichten. Sie geben dem Frikassee seinen besonderen Pfiff. Falls Sie selber welche suchen wollen: Speisemorcheln wachsen von April bis Juni vorwiegend unter Eschen und Pappeln.

---

1 Suppenhuhn, 1 Bouquet garni (Petersilie, Lorbeerblatt, Thymian, Selleriegrün), Salz, 60 g Mehl, 40 g Butter, 3 Eigelb, 4 Eßlöffel Sahne, Zitronensaft, 1/10 l kräftiger Weißwein, Streuwürze, weißer Pfeffer, 1 kleine Dose Morcheln, 100 g Spargelspitzen (Dose), 1 Teelöffel Kapern

---

Das kochfertig hergerichtete Huhn waschen, mit dem Bouquet garni in leicht gesalzenem Wasser garen, herausnehmen und etwas abkühlen lassen. Fleisch von den Knochen lösen und in grobe Stücke schneiden. Mehl in der Butter hellgelb anschwitzen, mit etwa 3/4 l durchgesiebter Hühnerbrühe auffüllen, 8 Minuten kräftig durchkochen. Eigelb mit Sahne verrühren und mit der von der Brennstelle genommenen Soße verrühren, mit Zitronensaft, Weißwein, Streuwürze und Pfeffer würzen. Geschnittene Morcheln und Spargelspitzen sowie die Kapern dazugeben. Das Hühnerfleisch in der Soße erhitzen, aber nicht mehr aufkochen. Dazu kann man Reis oder Stangenweißbrot anbieten – als Getränk wäre ein herzhafter Weißwein zu empfehlen.

Kalbfleisch in Thunfischsoße

Das „gethunte" Kalbfleisch, in Weißwein mariniert und gekocht, gehört zu den Standardgerichten der italienischen Küche. „Vitello tonnato" gilt allgemein als Vorspeise, man kann aber auch – mit verdoppelten Portionen – ein ganzes Abendessen damit bestreiten.

500 g Kalbsnuß; für die Marinade: 1 kleine Zwiebel, 1 Karotte, 1 Scheibe Sellerie, 1 Lorbeerblatt, 2 Gewürznelken, 1/2 Teelöffel Estragon, 1/2 l trockener Weißwein; für die Soße: 125 g Mayonnaise, 100 g Thunfisch in Öl (Dose), 2–3 Sardellenfilets, 1 Teelöffel Kapern, 2 Teelöffel Essig; für die Garnierung: 4 Zitronenscheiben, 8 schwarze gefüllte Oliven, 1/2 Bund Petersilie

Kalbsnuß in eine passende, möglichst kleine Schüssel geben. Zwiebel, Karotte und Sellerie kleinschneiden, mit Lorbeerblatt, Gewürznelken und Estragon zum Kalbfleisch geben und den Wein darübergießen (er soll das Fleisch bedecken; ggf. mehr Wein verwenden). Die Kalbsnuß über Nacht marinieren, dann in einen Topf geben und in etwa 80 Minuten in der Marinade gar kochen. Fleisch in der Marinade erkalten lassen. Für die Thunfischmayonnaise die Mayonnaise mit etwas kalter Kochbrühe strecken. Thunfisch und Sardellen im Mixer pürieren oder in einem Mörser zerstampfen, bis eine cremige Paste entsteht. Kapern fein hakken. Paste und Kapern mit der Mayonnaise verrühren, mit Essig abschmecken. Kalbfleisch aus der Kochbrühe nehmen, gut abtropfen lassen, in dünne Scheiben schneiden und auf einer Platte anrichten, mit Thunfischmayonnaise überziehen. Das Gericht ein paar Stunden kühl durchziehen lassen, dann mit Zitronenscheiben, Oliven und Petersiliensträußchen garniert reichen. Dazu paßt italienischer Weißwein.

Kalbsschnitzel in Marsala

Scaloppine al Marsala

Marsala ist ein Südwein aus Nordwestsizilien. Er wächst rings um die gleichnamige Küstenstadt. Ähnlich wie der Sherry wird auch der Marsala aufgespritet (mit Branntwein versetzt), außerdem setzen die Hersteller Rosinenwein und unvergorenen Most zu, bei manchen Sorten auch Bananen- und Erdbeerauszüge oder Eigelb (Marsala all' uovo). Die schweren und süßen Marsalas sind indessen fast nur noch in der Küche beliebt. Die Winzer von Marsala verkaufen deshalb heute lieber den unvermischten trockenen Grundwein, der zwar auch Marsala heißt, mit den dunkelroten bis braunen Mixturen aber nicht viel gemein hat.

4 Kalbsschnitzel (je 150–180 g), Salz, schwarzer Pfeffer, 1 Eßlöffel Mehl, 2 Eßlöffel Butter, 3 Eßlöffel Olivenöl, 1 Glas trockener Marsala, 1/8 l Fleischbrühe, 2 Eßlöffel Butter

Schnitzel auf 5 mm Dicke breitklopfen, salzen und pfeffern und in Mehl wenden. Butter mit Öl erhitzen, die Schnitzel hineingeben und von jeder Seite 3–4 Minuten braten und bräunen, auf einen Teller geben. 3/4 des Bratfetts abgießen, Marsala und Fleischbrühe hineingeben und 2 Minuten bei starker Hitze kochen lassen, dabei Bratfond loskochen. Schnitzel wieder in die Pfanne legen und 10 bis 15 Minuten schmoren, hin und wieder mit Bratfond begießen. Die fertigen Schnitzel auf eine vorgewärmte Platte legen. Bratfond etwas einkochen (bei Bedarf noch etwas Fleischbrühe dazugeben), abschmecken, von der Brennstelle nehmen und die Butter hineinrühren. Die Soße über die Schnitzel gießen. Dazu kann man Gemüse wie Blattspinat, Fenchel oder Kohlrabi reichen, als Getränk einen leichteren Weißwein.

Kaninchen in Weißwein

Für dieses französische Rezept eignet sich ein Wildkaninchen ebenso wie ein zahmer „Stallhase". Sie werden über das Ergebnis staunen.

*1 vorbereitetes Kaninchen (etwa 1,2 kg);
für die Marinade: 1 Glas trockener Weißwein,
1 Eßlöffel Weinessig, 3 Eßlöffel Olivenöl,
1 Zwiebel, 1 Teelöffel getrockneter Thymian,
1 Lorbeerblatt, 2 Teelöffel gehackte Petersilie,
Salz, schwarzer Pfeffer; für den Schmorbraten:
125 g magere Speckwürfel, 2 Tassen Wasser,
1 Eßlöffel Butter, 200 g Zwiebeln,
75 g Schalotten, 1 Knoblauchzehe,
1–2 Eßlöffel Mehl, 1 Glas trockener
Weißwein, 1/4 l Fleischbrühe, 1 Bouquet garni
(Petersilie, Lorbeerblatt, Thymian),
1 Eßlöffel Weinessig*

Kaninchen waschen und mit Küchenkrepp trockentupfen. Wein mit den übrigen Marinadezutaten mischen, die Zwiebel dabei grob schneiden. Das Kaninchen in die Marinade geben und 12 Stunden kühlgestellt ziehen lassen, mehrfach umwenden. Speckwürfel 6 Minuten in Wasser kochen, abgießen, trockentupfen und in heißer Butter goldbraun braten, beiseite stellen. Im Speckfett die geschnittenen Zwiebeln goldgelb rösten. Kaninchen aus der Marinade nehmen und trockentupfen, in der Pfanne im restlichen Speckfett (ggf. Fett dazugeben) anbraten, dann in eine Bratenpfanne legen. Feingehackte Schalotten und Knoblauch in der Pfanne anrösten, mit Mehl bestäuben, Wein und Brühe angießen und alles zu einer dicklichen Soße verkochen. Soße über das Kaninchen gießen, Bouquet garni, Speckwürfel und durchgesiebte Marinade dazugeben und das Kaninchen bei 180°C in 50–60 Minuten gar schmoren. Nach 30 Minuten die Zwiebeln dazugeben. Soße mit Essig abschmecken, das Bouquet garni herausnehmen.

Kaninchenragout mit Rotwein

Gibelotte de lapin au vin rouge

Wer von Kaninchengerichten keine große Meinung hat, sollte sich einmal von einer französischen Hausfrau ihre Lieblings-Kaninchenzubereitung kochen lassen – oder es mit diesem Rezept versuchen. Im Prinzip kann man sowohl Wild- als auch Hauskaninchen nach den gleichen Vorschriften braten oder schmoren, die auch für Hasen gelten. Kaninchenfleisch kann, muß aber nicht mariniert werden. Dabei zieht man bei Hauskaninchen im allgemeinen eine milde Buttermilchbeize vor, bei Wildkaninchen eine Marinade aus Rotwein und Essig, um den manchmal leicht süßlichen Geschmack zu neutralisieren.

---

*1 vorbereitetes Kaninchen (etwa 1,5 kg),
50 g Schweineschmalz, 1 Eßlöffel Mehl,
200 g sehr kleine Zwiebeln, 30 g Butter,
1/2 l Rotwein, 125 g durchwachsener Speck,
250 g Kartoffeln, Salz, weißer Pfeffer*

Kaninchen in Portionsstücke zerteilen, in einem Topf in heißem Schweineschmalz rundherum anbraten, mit Mehl bestäuben. Geschälte und in Butter angedünstete Zwiebeln dazugeben, Rotwein angießen und das Ragout 30 Minuten zugedeckt bei mittlerer Hitze schmoren. Speck würfeln, anbraten und zum Ragout geben, weitere 15 Minuten schmoren. Dann die geschälten und in Würfel geschnittenen Kartoffeln hinzufügen und das Ragout in etwa 15 Minuten fertiggaren. Mit Salz und Pfeffer abschmecken. Dazu kann man Spätzle oder Stangenweißbrot und einen frischen Salat anbieten. Als Getränk paßt ein herzhafter Rotwein ausgezeichnet, es kann sich aber auch um einen charaktervollen Weißwein handeln.

Karpfen in Rotwein

Carpe à la bourguignonne

Es handelt sich hier zwar um ein Rezept aus Burgund – aber Karpfen in Rotwein ist auch in deutschen Karpfenzuchtgebieten beliebt. Bei den Römern galt der Karpfen als Fisch der Venus und Symbol der Fruchtbarkeit. Ein Karpfenweibchen kann bis zu eine Million Eier legen. Weniger leistungsfähig sind freilich die Männchen. Deshalb pflegen Karpfenzüchter jedem weiblichen Karpfen zwei bis drei männliche zuzuordnen.

1 küchenfertiger Karpfen, Zitronensaft, Salz, 1 rohe Kartoffel, 3/8 l Rotwein (Burgunder), 1/8 l Wasser, 6 Perlzwiebeln, schwarzer Pfeffer, 1 Lorbeerblatt, 1 Teelöffel Pfefferkörner, 40 g Butter, 30 g Mehl, 1 Zitrone

Den Karpfen abspülen, mit Küchenkrepp trockentupfen, mit Zitronensaft beträufeln und salzen. Eine geschälte rohe Kartoffel in den Karpfen schieben und den Fisch aufrecht in die Bratenpfanne stellen. Rotwein mit Wasser, Zwiebeln und Gewürzen kurz aufkochen, über den Karpfen gießen. Den Fisch im vorgeheizten Ofen in etwa 40 Minuten bei 200°C garen (bis sich die Rückenflosse leicht herausziehen läßt). Den Karpfen auf einer vorgewärmten Platte anrichten. Kochbrühe bei Bedarf mit Wasser oder Rotwein auffüllen, durch ein Sieb geben. Butter und Mehl miteinander verkneten, portionsweise in die Soße geben, 8 Minuten durchkochen. Die Soße abschmecken und über den Fisch gießen. Mit Zitronenachteln garnieren. Dazu kann man Stangenweißbrot oder Salzkartoffeln oder Kartoffelpüree reichen, außerdem einen frischen Salat. Als Getränk paßt ein trockener Rotwein oder auch ein herzhafter Weißwein.

Kartäuserklöße mit Weinsoße

Eine typische Fasten-Mehlspeise, die in ganz Deutschland unter verschiedenen Bezeichnungen und mit leichten Rezeptabwandlungen verbreitet ist. Möglicherweise wurde sie in einem Kartäuserkloster erfunden und hat daher ihren Namen – nachweisen läßt es sich nicht. In Bayern kommen die Klöße, bei denen es sich schlicht um Semmeln handelt, oft am Freitagmittag auf den Tisch – zwar schreibt die katholische Kirche für diesen Tag keine strenge Enthaltung vom Fleisch mehr vor, aber in vielen Familien hat es sich nun einmal so eingebürgert, daß es am Freitag etwas Fleischloses gibt.

6–8 Semmeln, 1/2 l Milch, 2 Eier, 40 g Zucker, 1 Päckchen Vanillezucker, abgeriebene Schale einer Zitrone, Semmelmehl, 60 g Butter; für die Soße: 1/4 l Rotwein, 1/4 l Fruchtsaft oder Wasser, 75 g Zucker, 1 Stückchen Zimtstange, 2 Nelken, 20 g Speisestärke

Rinden der Semmeln auf dem Reibeisen abreiben, die Semmeln quer halbieren. Milch mit Eigelb, Zucker, Vanillezucker und Zitronenschale verquirlen, die Semmeln darin 2 Stunden weichen lassen. Semmeln etwas abtropfen lassen, in verschlagenem Eiweiß und Semmelmehl wenden und in der Pfanne in heißer Butter rundherum goldbraun-knusprig braten, auf einer vorgewärmten Platte warmstellen. Für die Soße Wein und Fruchtsaft (oder Wasser) mit Zucker, Zimt und Nelken erhitzen. Speisestärke mit kaltem Wasser anrühren, in die kochende Flüssigkeit geben, gut durchrühren und die Soße aufkochen lassen. Das Zimtstück herausnehmen. Die Soße abkühlen lassen, dabei gelegentlich durchrühren, damit sich keine Haut bildet. Die kalte Soße zu den heißen Kartäuserklößen reichen.

Kirschsuppe mit Rotwein

Soupe aux cerises

Kirschsuppen, die mit Wein zubereitet werden, gibt es in vielen französischen Regionen. Diese hier stammt aus der traditionsreichen Landschaft Franche-Comté im Osten Frankreichs. Der Küchentrick, einen Auszug aus zerstampften Kirschkernen mitzuverwenden, verleiht der Suppe ihren besonderen Geschmack.

750 g Kirschen, 250 g Zucker, abgeschälte Schale einer Zitrone, 1/2 Stange Zimt, 3/4 l Wasser, 1/2 l Rotwein (Montigny), 2 Schnapsgläser Kirschwasser, 1 Teelöffel Speisestärke; für die Einlage: 4 Scheiben Weißbrot, 1 Eßlöffel Butter

Kirschen von Stielen befreien und waschen, 100 g als Garnitur zurücklegen. Die übrigen Kirschen entsteinen, mit Zucker, Zitronenschale, Zimt und 3/4 l Wasser aufsetzen, zum Kochen bringen und 10 Minuten kräftig durchkochen, dann die Gewürze herausnehmen und die Kirschen durch ein Haarsieb passieren. Die Hälfte der Kirschkerne in einem Mörser zerstampfen, mit Rotwein und Kirschwasser übergießen, 30 Minuten zugedeckt ziehen lassen. Den Kirschbrei wieder aufsetzen, die zurückgelegten nicht entsteinten Kirschen hineingeben und die Mischung acht Minuten kochen lassen, dabei mit kalt angerührter Speisestärke binden. Rotwein-Kirsch-Mischung von den zerstampften Kernen abseihen (am besten durch ein Mulltuch) und mit der Kirschsuppe mischen. Nochmals kurz aufkochen, dann die Suppe auf vorgewärmte Teller verteilen. Für die Einlage Weißbrot würfeln und in heißer Butter goldgelb anrösten, auf die Suppe streuen.

Koblenzer Ratsherrenteller

Nach abgeschlossener Beratung, so heißt es, erquickten sich die Koblenzer Ratsherren an diesem Schweinefilet in Moselwein. Wahrscheinlicher ist es, daß ein phantasiebegabter Küchenchef diese Bezeichnung erfunden hat.

800 g Schweinefilet; für die Marinade: 1/2 Flasche Moselwein, 4 Eßlöffel Essig, 2 Zwiebeln, 6 Pfeffer- und 4 Pimentkörner, 4 Wacholderbeeren, 4 Gewürznelken, 1 Lorbeerblatt; Salz, Pfeffer, 1 Eßlöffel scharfer Senf, 60 g Butter, 3 Eßlöffel Perlzwiebeln, 1 Eßlöffel Kräuterbutter, 1/8 l saure Sahne

Schweinefilet vorbereiten. Für die Marinade Wein und Essig mischen, grob geschnittene Zwiebeln, Pfeffer- und Pimentkörner, Wacholderbeeren, Gewürznelken und Lorbeerblatt hineingeben, das Schweinefilet in die Marinade legen und zugedeckt 3–4 Tage kühl ziehen lassen, dabei regelmäßig wenden. Dann das Fleisch aus der Marinade nehmen, abtropfen lassen und mit Küchenkrepp trockentupfen. Die Marinade durch ein Sieb geben. Das Fleisch mit Salz und Pfeffer einreiben und auf allen Seiten mit Senf bestreichen. In der Bratenpfanne die Butter erhitzen, das Fleisch hineingeben und von allen Seiten kräftig anbraten. Zwiebeln und Kräuterbutter hinzufügen, durchgesiebte Marinade übergießen und das Fleisch unter regelmäßigem Beschöpfen mit Marinade garen. Fleisch herausnehmen und warmstellen, die Soße mit saurer Sahne verfeinern und abschmecken. Fleisch in Scheiben schneiden und mit der Soße anrichten. Dazu gibt es an der Mosel Speckböhnchen und Kartoffelkroketten – und natürlich einen spritzigen Mosel.

Kroatische Apfelsuppe

Čorba od jabuka

Verwenden Sie für diese Suppe keine lieblichen, parfümiert schmeckenden Äpfel, sondern handfeste, säuerliche Sorten, etwa Boskop oder Cox Orange. Und gehen Sie mit dem Zucker vorsichtig um. In Kroatien liebt man die Suppe säuerlich und nur sehr schwach gesüßt. Wenn Sie wollen, können Sie den Wein bis zur Hälfte durch Wasser ersetzen. Es sollte sich um einen trockenen jugoslawischen Wein handeln, etwa einen Graševina oder Žilavka.

---

750 g säuerliche Äpfel, abgeschälte Schale einer halben Zitrone, 1 Teelöffel Nelken, 1/2 Stange Zimt, 40 g Butter, 1–2 Eßlöffel Zucker, 1 Teelöffel Mehl, etwas Salz, 1/4–1/2 l jugoslawischer Weißwein (oder ein anderer kräftiger Weißwein); für die Einlage: 4 Scheiben Weißbrot, 20 g Butter

---

Äpfel waschen, in Achtel schneiden und dabei Kerngehäuse entfernen, mit Zitronenschale, Nelken und Zimt in einen Topf geben und wenig Wasser angießen. Die Äpfel zum Kochen bringen und bei schwacher Hitze garen, durch ein Haarsieb passieren. In der Pfanne die Butter erhitzen, den Zucker dazugeben und goldbraun karamelisieren, das Mehl hineinrühren, wenig Wasser angießen, leicht salzen und die Masse glattrühren, dann mit dem Apfelbrei mischen und so viel Wein (oder Wein-Wasser-Mischung) angießen, daß eine cremige Suppe entsteht. Nochmals kurz aufkochen, die Suppe auf vorgewärmte Teller verteilen. Für die Einlage Weißbrot würfeln, in heißer Butter goldgelb rösten und auf die Suppe streuen.

Lammkoteletts nach Art der Schäferin

Côtelettes d'agneau à la bergère

Achten Sie darauf, daß das Lammfleisch zu diesem Rezept gut abgehangen ist – so haben Sie ein zarteres Endergebnis. Wenn Sie wollen, können Sie etwaige Fettränder abschneiden.

12 Lammkoteletts, 2 Knoblauchzehen, schwarzer Pfeffer, Salz, 175 g durchwachsener Speck, 20 g Butter, 125 g Perlzwiebeln; für die Madeirasoße: 20 g Mehl, 20 g Butter, 1/4 l Fleischbrühe, 1 kleine Zwiebel, etwas Suppengrün, 1 Tomate, 30 g Räucherspeck, Salz, 1 Prise Zucker, 2 Teelöffel Zitronensaft, 2 Eßlöffel Madeira, 10 g Butter; 60 g Butter zum Braten, 1 Bund gehackter Schnittlauch

Lammkoteletts mit gestiftelten Knoblauchzehen spicken, mit Pfeffer und Salz einreiben. Speck in feine Würfel schneiden, in 20 g Butter anbraten. Perlzwiebeln dazugeben, in der Butter andünsten. Für die Madeirasoße Mehl kräftig in Butter anbräunen, mit Fleischbrühe ablöschen. Zwiebel und Suppengrün fein hacken, Tomate grob würfeln. Speck fein schneiden und anbraten, Gemüse dazugeben und kräftig anrösten, alles mit der Mehlsoße vermischen und 20 Minuten bei schwacher Hitze kochen. Die Soße durch ein Sieb rühren, mit Salz, Zucker und Zitronensaft abschmecken, den Madeira hineingeben und die Butter in der Soße zergehen lassen. Die fertige Soße über Speck und Perlzwiebeln gießen und 10 Minuten bei schwacher Hitze ziehen lassen. Koteletts in der Pfanne in heißer Butter beiderseits je 4–5 Minuten braten und bräunen, die Soße dazugießen und alles noch 3–4 Minuten bei schwacher Hitze ziehen lassen. Die Lammkoteletts mit gehacktem Schnittlauch bestreut servieren. Dazu passen Stangenweißbrot oder Kartoffelpüree und Salat, als Getränk ein blumiger Rotwein.

Melonenkugeln in Portwein

Eine erfrischende Nachspeise für den Hochsommer oder Herbst, die Jahreszeiten also, in denen uns Spanien und Italien mit frisch geernteten Melonen beliefern. Die in unserem Rezept vorgeschriebene Netzmelone, leicht erkennbar am netzartigen Muster auf der hellgrünen oder hellgelben Schale, gehört zu den Zuckermelonen, die vor allem für Fruchtzubereitungen (aber auch zum „pur" essen) interessant sind. Andere Zuckermelonen sind die Ananas- und die Honigmelone sowie die plattrunde Kantalupe, die ihren Namen von der italienischen Ortschaft Cantalupa („Wolfsgeheul") hat. Wenn Sie anstelle einer Nach- eine Vorspeise suchen, bieten Sie am besten Melone mit Schinken an: Melone in Segmente teilen und entkernen, gut gekühlt auf Teller verteilen und mit hauchdünnen Scheiben von rohem oder gekochtem Schinken belegen. Dazu kann man die Pfeffermühle mit schwarzem Pfeffer auf den Tisch stellen – wer will, kann sich bedienen.

1 Netzmelone (etwa 1 kg), 2 Eßlöffel Zucker, 1/2 Teelöffel gemahlener Zimt, 1/4 l Portwein, 1/8 l süße Sahne, 1 Eßlöffel Puderzucker

Melone abspülen, halbieren, mit einem Löffel die Kerne herauskratzen. Mit einem Kartoffelausstecher aus dem Fruchtfleisch Kugeln ausstechen und in eine Schüssel geben. Zucker und Zimt mischen, über die Melonenkugeln streuen, 20 Minuten kühl gestellt durchziehen lassen. Portwein übergießen, die Melonenkugeln vorsichtig durchmischen, die Schüssel für 2 Stunden in den Kühlschrank stellen. Sahne steif schlagen und den Puderzucker unterziehen. Melonenkugeln mit Saft auf Dessertschälchen oder Cocktailgläser verteilen. Sahne in einen Spritzbeutel füllen und die Melonenkugeln damit verzieren.

Muscheln nach Art der Seemannsfrau

Moules marinières

Ein Muschelgericht, das mit unterschiedlicher Würzung rings um das Mittelmeer bekannt und beliebt ist. Diese Fassung des Rezepts stammt aus Frankreich, aber in Italien oder Spanien, Griechenland oder Jugoslawien sind die Muscheln der Seemannsfrau nicht weniger beliebt. Man ißt sie im allgemeinen als Vorgericht. Dabei holt man das Fleisch mit einer Schalenhälfte aus den aufgeklappten Muscheln.

2–3 kg Miesmuscheln, 60 g Schalotten, 1/2 Sellerieknolle, 2 Teelöffel Kümmel, 1 Teelöffel Pfefferkörner, 1 Bund Petersilie, 2 Lorbeerblätter, Salz, schwarzer Pfeffer, 1/2 l Weißwein; für die Soße: Saft einer Zitrone, 80 g Butter, 1/2 Bund gehackte Petersilie

---

Muscheln entbarten und unter fließendem Wasser gründlich säubern. Geöffnete Muscheln dabei wegwerfen. Schalotten hacken, Sellerie fein schneiden, beides mit Kümmel, Pfefferkörnern, Petersilie, Lorbeerblättern, Salz und schwarzem Pfeffer zum Weißwein geben und die Muscheln hinzufügen. Alles zum Kochen bringen und die Muscheln bei kräftiger Hitze kochen, bis sie sich geöffnet haben (Muscheln, die nach dem Kochen noch geschlossen sind, wegwerfen). Während des Kochens hin und wieder mit dem Schaumlöffel umrühren. Muscheln herausnehmen und warmstellen. Brühe durch ein Sieb geben, erneut aufsetzen und etwas einkochen, dabei den Zitronensaft hineinrühren. Die Soße von der Brennstelle nehmen und portionsweise die Butter einrühren, kräftig mit dem Schneebesen schlagen. Gehackte Petersilie hineingeben. Die Soße über die Muscheln gießen und sofort servieren. Stangenweißbrot paßt gut dazu, außerdem ein mittelkräftiger Rot- oder Weißwein.

Normannische Seezungenfilets

Sole à la normande

Von keinem Fisch gibt es so viele Rezepte wie von der Seezunge, die freilich bei uns heute nicht gerade zu den häufigsten und preiswertesten Genüssen gehört. Das Rezept aus der Normandie reichert die in Wein gegarten Seezungenfilets mit weiteren „Meeresfrüchten" an, nämlich mit Krabben und Miesmuscheln. So wird ein richtiges Festtagsgericht daraus. Sie sollten einen trockenen Wein zum Kochen und als Begleitgetränk verwenden – eine süßliche Soße wäre schlimm.

4 kleine Seezungen, 25 g Butter, Salz, weißer Pfeffer, 1/8 l trockener Weißwein; für die Soße: 40 g Butter, 30 g Mehl, Salz, Pfeffer, 1/4 l Sahne, 1 kleine Dose Krabben (Nordseegarnelen), 250 g Miesmuscheln (Dose)

Seezungen abziehen und filetieren. Butter in einer ofenfesten Form erhitzen, die Seezungenfilets hineingeben, salzen und pfeffern und beiderseits kurz anbraten, dann den Weißwein angießen und die Filets in 15–20 Minuten nicht zu weich garen. Filets herausnehmen und auf einer vorgewärmten Platte anrichten. Für die Soße Mehl in heißer Butter anschwitzen, mit Seezungenfond ablöschen, kräftig durchkochen. Die Soße mit Salz und Pfeffer abschmecken und mit der Sahne verfeinern. Abgetropfte Krabben und Muscheln in der Soße heiß werden lassen, die Seezungenfilets damit überziehen. Dazu kann man Stangenweißbrot oder Salzkartoffeln anbieten, als Getränk paßt der gleiche Weißwein, mit dem Sie die Fische gegart haben.

Obstsülze
mit Weißwein

Eine fruchtige Nachspeise aus tiefgefrorenen Früchten – natürlich können Sie auch frische nehmen. Achten Sie darauf, daß die Zutatenmengen genau abgemessen und abgewogen werden, weil sonst die Gelatine nicht wunschgemäß fest wird. Die Fruchtmasse darf nach dem Auflösen der Gelatine nicht mehr zum Kochen gebracht werden.

500 g tiefgefrorene Sauerkirschen, 250 g tiefgefrorene rote Johannisbeeren oder Erdbeeren, 600 g tiefgefrorene Himbeeren, 250 g Zucker, 3 Päckchen Vanillezucker, 3/8 l Weißwein, je 12 Blatt rote und weiße Gelatine, 2 Gläschen Himbeersirup, 1 Zitrone; 1 Becher Sahne, 30 g Zucker

Kirschen, Johannis- oder Erdbeeren und 450 g Himbeeren (die restlichen 150 g zum Garnieren auftauen lassen) unaufgetaut mit Zucker und Vanillezucker zum Wein geben, zum Kochen bringen und die Früchte 10 Minuten bei schwacher Hitze kochen. Gelatine in kaltem Wasser einweichen. Die Früchte mit der Flüssigkeit durch ein Sieb streichen, Himbeersirup und Zitronensaft dazugeben und die ausgedrückte Gelatine in der heißen Flüssigkeit auflösen. Die Mischung in eine mit Wasser ausgespülte Puddingform oder Glasschüssel füllen und im Kühlschrank fest werden lassen. Zum Stürzen den Rand vorsichtig mit einem Messer lösen, die Form kurz in heißes Wasser tauchen und die Obstsülze auf eine Platte stürzen. Mit den restlichen Himbeeren garniert zu Tisch geben. Sahne mit Zucker steif schlagen und gesondert reichen (oder Vanillesoße anstatt der Schlagsahne anbieten).

Gratinierte Orangen

Obwohl Sherrywein eine in der ganzen Welt berühmte spanische Spezialität ist, beträgt sein Anteil an der gesamten Weinproduktion des Landes nur knapp drei Prozent. Neun Zehntel werden exportiert, vor allem nach England, denn die Inselbewohner hatten schon immer eine Vorliebe für diese Dessertweine, die es in allen möglichen Varianten gibt – von süß bis trocken, von hell bis dunkel, von leicht bis schwer. Die Engländer waren es auch, die den Namen Sherry prägten, weil sie mit der spanischen Aussprache des ursprünglichen Namens Jérez (benannt nach der andalusischen Stadt Jérez de la Frontera, dem Zentrum der Sherryherstellung) nicht zurechtkamen. Für unser Rezept eignet sich ein leicht süßer, mittelschwerer und aromatischer Sherry, also etwa ein Oloroso. Mit den Orangen zusammen, ebenfalls ein bedeutendes spanisches Produkt, wird uns dieses Dessert wenigstens in der Erinnerung in die Atmosphäre südlicher Sonne versetzen.

---

400 g kernlose und geschälte Orangen,
50 g Zucker, 1 cl Sherrywein,
20 g Pistazienkerne, 100 g Schlagsahne,
1 Päckchen Vanillezucker

Die Orangen in feine Streifen schneiden, in eine Gratinierform legen, mit der Hälfte des Zuckers bestreuen und mit Sherry beträufeln. Die Pistazienkerne darüber geben. Die Sahne mit dem restlichen Zucker steif schlagen und damit die Orangen bedecken. Mit Vanillezucker bestreuen und unter dem heißen Grill goldbraun gratinieren.
Ein leckeres Dessert, das sich vor allem in den Wintermonaten anbietet, da es um diese Zeit die besten Orangen gibt.

Pfälzer Weinsuppe

In Deutschlands größtem Weinbaugebiet gehört diese Weißweinsuppe zum klassischen Rezeptbestand. Sie wird meist zum Abendessen gereicht. In früheren Zeiten wurde die Suppe zusätzlich mit Safran gewürzt und gelblich gefärbt. Damals galt die zimtduftende Weinsuppe auch als Kindbettsuppe: Sie wurde der Wöchnerin von den Verwandten als kräftigende Suppe ins Haus geschickt. *Sie* sollten sich bei der Auswahl des Weines für eine kräftig-würzige Sorte entscheiden. Nach dem Charakter des Weines richtet sich der Zucker- und Zitronensaftanteil – lieber beide Zutaten erst in kleineren Mengen zugeben und probieren, bevor die Suppe zu süß oder zu sauer gerät. Und achten Sie darauf: Nach der Zugabe von Eigelb und Sahne darf die Suppe nicht mehr aufkochen!

1 l Weißwein aus der Rheinpfalz, etwa 50 g Zucker, 1–2 Eßlöffel Zitronensaft, 1 Stange Zimt, 1 Eßlöffel Speisestärke, 2–3 Eigelb, 1/8 l Sahne, 1 Teelöffel gemahlener Zimt; für die Einlage: 4 Scheiben Weißbrot, 1 Eßlöffel Butter

Wein mit Zucker, Zitronensaft und Zimt zum Kochen bringen. Speisestärke mit wenig kaltem Wasser anrühren, unter Umrühren an den Wein geben, kurz aufkochen. Stangenzimt herausnehmen. Eigelb mit Sahne verquirlen und in die von der Brennstelle genommene Suppe rühren, nicht mehr kochen lassen. Vor dem Anrichten mit Zimtpulver bestreuen. Für die Einlage Weißbrotscheiben würfeln, in heißer Butter goldgelb rösten, die Würfel auf die Suppe streuen (oder: Weißbrotscheiben unzerschnitten in Butter rösten, in jeden Teller eine Scheibe legen und mit Suppe überfüllen).

Putenpfeffer in Rotweinsoße

Civet de dindonneau

Ausgewachsene Puter übersteigen den Bedarf einer normalen Familie bei weitem. Wenn Sie trotzdem gelegentlich Putenfleisch auf den Tisch bringen wollen, ist dieses Rezept besonders gut geeignet.

1 kg Putengulasch, 150 g frischer Schweinebauch (oder Räucherspeck), 50 g Butter, 300 g kleine Zwiebeln, 30 g Mehl, 1 Schnapsglas Cognac, 1/8 l kräftige Fleischbrühe, 1/2 l Rotwein, 3 Schalotten, 1 Bouquet garni (Petersilie, Thymian, Lorbeerblatt), Salz, Pfeffer, 1/2 Teelöffel gemahlene Nelken, 150 g Champignons, 3 Hähnchenlebern, 1/2 Tasse Crème fraîche

Putengulasch und gewürfelten Schweinebauch rundherum in heißer Butter anbraten, herausnehmen. Zwiebeln schälen und fein hacken, in der Butter goldbraun braten und herausnehmen. Das Mehl in der heißen Butter bräunen. Fleisch und Schweinebauch wieder hineingeben, gut durchrühren, mit erhitztem Cognac flambieren. Fleischbrühe und Wein angießen, die Zwiebeln wieder hineingeben, Schalotten und Kräuterbündel hinzufügen, mit Salz, Pfeffer und Nelken würzen. Etwa 2 Stunden zugedeckt bei schwacher Hitze kochen lassen. Champignons putzen und waschen, in den Fleischtopf geben, weitere 15 Minuten kochen lassen. Bouquet garni herausnehmen. Lebern im Mixer pürieren (ggf. etwas Rotwein dazugießen, damit es leichter geht), in der Soße erhitzen, aber nicht mehr kochen lassen. Die Crème fraîche unterziehen und sofort anrichten. Dazu passen Salzkartoffeln, Teigwaren oder Reis und ein frischer Salat, als Getränk nehmen Sie den gleichen Rotwein, mit dem der Putenpfeffer gewürzt wurde.

Rebhuhn mit Schokoladensoße

Perdizes con chocolate

Kakao lernten die Spanier bei den Azteken kennen, die den Trank „chocolatl" nannten. Aus dieser Zeit haben sich Spanier wie Lateinamerikaner eine gewisse Vorliebe für Kakao und Schokolade bewahrt, was in einer ganzen Reihe origineller Rezepte zum Ausdruck kommt. Schokolade als Bestandteil von Süßspeisen ist dabei nichts Besonderes. Beispielsweise gibt es aber auch eine Schokoladensoße mit feuriger Chili-Würze – oder eben dieses Rebhuhn mit einer Soße auf Weinbasis und einer Beigabe von geriebener bitterer Schokolade. Sie sollten das einmal probieren und werden überrascht sein, was für ein neues Geschmackserlebnis sich Ihnen da offenbart.

---

2 küchenfertige junge Rebhühner, Salz, Pfeffer, 1 Tasse Olivenöl, 2 Zwiebeln, 1 Lorbeerblatt, 1/4 l spanischer Rotwein, 1/8 l Weinessig, 2 Eßlöffel geriebene bittere Schokolade

---

Rebhühner unter fließendem Wasser waschen, abtropfen lassen und mit Küchenkrepp trockentupfen, innen und außen leicht salzen und pfeffern. Die Rebhühner in der Bratenpfanne in heißem Olivenöl von allen Seiten kräftig anbraten. Grob gewürfelte Zwiebeln und Lorbeerblatt dazugeben, Rotwein und Essig angießen. Die Vögel zugedeckt in etwa 20–25 Minuten gar schmoren, dann herausnehmen und auf eine vorgewärmte Platte legen. Bratfond durchseihen, die geriebene Schokolade hineinrühren und lösen. Die Soße mit Salz und Pfeffer abschmecken und über die Rebhühner gießen, den Rest gesondert reichen. Dazu gibt es in Spanien Salzkartoffeln und gedünstete Pilze. Ein saftiger Rotwein paßt als Getränk am besten dazu.

Rehnüßchen in Pfeffersoße

Noisettes de chevreuil

*4 Rehsteaks, Salz, schwarzer Pfeffer,
je 1 Eßlöffel Olivenöl und Butter, 2 Eßlöffel
feingehackte Zwiebeln, 20 g Butter,
1 Schnapsglas Cognac, 1 Eßlöffel
Zitronensaft; für die Soße: 2 Karotten,
1 Zwiebel, 1/2 Bund Petersilie,
250 g gewürfelte Wildfleischabfälle,
1/2 Teelöffel Thymianpulver, 1 Lorbeerblatt,
2 Eßlöffel Olivenöl, 2 Eßlöffel Weinessig,
1 Glas trockener Weißwein, 40 g Mehl,
30 g Butter, 1/4 l Fleischbrühe,
8 grob zerstoßene Pfefferkörner, 2 Eßlöffel
Butter; für die Garnierung: 250 g frische
Champignons, 50 g Butter, Salz, Pfeffer*

Rehsteaks salzen und pfeffern, von beiden Seiten in heißem Öl und Butter so braten, daß sie innen rosa bleiben. Auf einer vorgewärmten Platte mit gehackten, in Butter gedünsteten Zwiebeln bestreuen. Fond mit Cognac ablöschen, Zitronensaft dazugeben. Für die Soße Karotten und Zwiebel in Scheiben schneiden, Petersilie hacken, alles zum Wildfleisch geben, Thymian und Lorbeerblatt hinzufügen und die Mischung in Olivenöl kräftig anbraten. Essig und Wein dazugeben, zugedeckt 30 Minuten bei schwacher Hitze schmoren. Mehl in heißer Butter goldbraun anrösten, Fleischbrühe angießen, umrühren und die Wildfleischmischung dazugeben. Alles gut vermengen und zugedeckt 60–70 Minuten bei schwacher Hitze garen. In den letzten 10 Minuten die Pfefferkörner dazugeben. Die Soße durch ein Sieb streichen, abschmecken und mit Butter verfeinern. Den Rehnüßchenfond dazugeben, abschmecken und die Soße über das Fleisch gießen. Champignons in dünne Scheiben schneiden, in heißer Butter garen, salzen und pfeffern und die Steaks damit umlegen. Dazu Teigwaren oder Kartoffelpüree und frischen Salat reichen.

Rehrücken Cumberland

Für 6 Personen:
1 gespickter Rehrücken (etwa 1,5 kg), Salz,
weißer Pfeffer, 6 Eßlöffel Öl, 1/8 l Rotwein,
1/8 l heißes Wasser; für die Soße:
Schale einer halben Orange, 1/8 l Wasser,
1 kleine Zwiebel, 20 g Butter, 30 g Mehl,
125 g Johannisbeergelee, 2 Schnapsgläser
Cognac, 1/8 l Rotwein, Salz, 2 Teelöffel
Senfpulver, je 1 Prise Cayennepfeffer und
gemahlener Ingwer; für die Garnierung:
4 kleine Orangen, 30 g Butter, 8 eingelegte
grüne Mandeln

Rehrücken unter fließendem Wasser abspülen, abtropfen lassen und mit Küchenkrepp trok- kentupfen, mit Salz und Pfeffer einreiben. Den Rehrücken in der Bratenpfanne in heißem Öl ringsherum 10 Minuten anbraten, dann in den Ofen schieben und in etwa 60 Minuten bei 220°C garen, dabei hin und wieder mit Rot- wein-Wasser-Mischung begießen. Den fertigen Rehrücken herausnehmen und auf eine vorge- wärmte Platte geben. Bratfond mit heißem Wasser auf 3/8 l ergänzen. Für die Soße Oran- genschale in sehr feine Streifen schneiden, 5 Minuten in Wasser kochen und abtropfen lassen. Gewürfelte Zwiebel in heißer Butter anbraten, mit Mehl bestreuen, Johannisbeer- gelee hineinrühren, mit Bratfond auffüllen und 5 Minuten durchkochen. Cognac und Rotwein dazugießen, die Soße mit Salz, Senfpulver, Cayennepfeffer und Ingwer würzen und die Orangenschale hineingeben, warmstellen. Orangen sauber schälen und halbieren, in hei- ßer Butter braten. Rehrücken auslösen und schräg in Scheiben schneiden, mit Orangen und Mandeln umlegen, die heiße Soße geson- dert reichen. Dazu passen Kartoffelkroketten und grüner Salat, als Getränk ein herzhafter Rotwein von der Ahr oder aus Burgund.

Reisflammeri mit Rotwein

Ein Flammeri ist eine Süßspeise aus Fruchtsaft (damit ist in unserem Fall der Wein gemeint) oder Milch mit Zucker und Stärkeprodukten (in diesem Fall Reis), die das Ganze zusammenhalten. Er wird stets nach dem Erkalten gestürzt. Die Bezeichnung stammt aus dem Küchenenglisch. Mit anderen Worten: Ein Flammeri ist ein Pudding. Sie können in unserem Rezept einen Teil des Rotweines durch Fruchtsaft ersetzen. Reisflammeri mit Weißwein wird nach der gleichen Kochvorschrift zubereitet. In beiden Fällen kann man die Speise mit gedünsteten Früchten anreichern. Wie sie schmeckt, hängt ganz vom Wein ab. Mit Zucker und Zitronensaft läßt sich der Geschmack in die süße oder säuerliche Richtung korrigieren.

250 g Rundkornreis, 1 l Rotwein, 1 Prise Salz, 40 g Butter, abgeriebene Schale einer Zitrone, 2 Gewürznelken, 1/2 Teelöffel gemahlener Zimt, etwa 150 g Zucker (je nach Säuregrad des Weines und Geschmack), 1/8 l süße Sahne, 40 g Zucker

Reis waschen, in den mit Salz, Butter, Zitronenschale, Gewürznelken und Zimt zum Kochen gebrachten Rotwein geben, aufkochen und bei schwacher Hitze gar quellen lassen. Mit Zucker abschmecken, den Reis gut umrühren und in eine mit kaltem Wasser ausgespülte Form drücken. Den Reis nach dem Abkühlen auf eine Platte stürzen. Sahne mit Zucker steif schlagen und den Reis damit garnieren, den Rest gesondert reichen.

Reisklöße in Wein

Das originelle Rezept stammt aus einer nordbayerischen Kloster- oder Herrschaftsküche und ist schon recht alt. Zweifellos handelt es sich um eine anspruchsvolle Fastenspeise, die beim „gewöhnlichen Volk" schon deshalb nie auf den Tisch kam, weil die Zutaten viel zu teuer waren. Heute kann man die Reisklöße als süße Nachspeise einordnen. Die in einer Art Glühwein schwimmenden „Klößla" schmecken nach einer leichten Hauptmahlzeit vorzüglich.

125 g Reis, 1/2 l Milch, abgeriebene Schale einer halben Zitrone, 80 g Butter, 50 g Zitronat, 100 g Sultaninen, 50 g Zucker, 1 Eigelb, 2 ganze Eier; 1 Eßlöffel Mehl, 1 Ei, 1 Eßlöffel Semmelmehl, Backfett; 1 Flasche Weißwein, abgeschälte Schale einer Zitrone, Zucker nach Bedarf

Den Reis waschen. Milch mit Butter und Zitronenschale zum Kochen bringen, den Reis hineingeben, aufkochen und bei schwacher Hitze gar quellen, dann abkühlen lassen. Zitronat fein schneiden, mit Sultaninen, Zucker, Eigelb und ganzen Eiern zum Reis geben, alles gut miteinander vermengen und Klößchen mit etwa 2,5 cm Durchmesser formen. Die Klöße nacheinander in Mehl, verschlagenem Ei und Semmelmehl wenden, in heißem Backfett schwimmend goldgelb werden lassen, zum Abtropfen auf Küchenkrepp legen, dann in einer tiefen Schale anrichten und warmhalten. Wein mit Zitronenschale und Zucker erhitzen und abschmecken, über die Reisklöße gießen und sofort servieren.

Rinderbraten nach Art des Périgord

Rôti de bœuf à la périgourdine

Aus der historischen französischen Landschaft Périgord kommen die meisten Nüsse Frankreichs. Vor allem aber ist dieser Bereich jedem Feinschmecker bekannt als Lieferant der begehrten und teuren Périgord-Trüffeln, die dort „unterirdisch" wachsen und von abgerichteten Schweinen oder Hunden aufgespürt werden. Mit schmalen Stiften des Gewürzpilzes wird in unserem Fall das Rinderfilet gespickt.

1 kg Rinderfilet, Salz, Pfeffer, 30 g Trüffeln, 60 g Butter, 1 Zwiebel, 1/5 l Madeira, 1/2 l Fleischbrühe, 1 Bouquet garni (Petersilie, Lorbeerblatt, Thymian, Rosmarin), Mehlbutter aus 20 g Butter und 20 g Mehl

Filetstück abwaschen und mit Küchenkrepp trockentupfen, salzen und pfeffern. Trüffeln in Stifte schneiden und das Fleisch damit spicken. In der Bratenpfanne Butter heiß werden lassen, das Filet hineingeben und von allen Seiten kräftig anbraten. Zwiebel grob schneiden und dazugeben, Madeira und Fleischbrühe angießen, das Bouquet garni hineingeben. Das Fleisch bei mittlerer Hitze in 1 1/2 bis 2 Stunden gar schmoren, zwischendurch mit Fond begießen. Das Fleisch herausnehmen und auf eine vorgewärmte Platte geben. Fond durch ein Haarsieb rühren, nochmals aufkochen. Butter und Mehl miteinander verkneten, portionsweise an die Soße geben und unter Umrühren 8 Minuten kochen. Die Soße abschmecken und teils über das Fleisch gießen, teils gesondert reichen. Dazu passen gedünstete Gemüse (Erbsen, grüne Bohnen, Spargel, Blumenkohl) und Kartoffelkroketten. Als Getränk ist ein kräftiger Rotwein zu empfehlen.

Rindsrouladen in Rotweinsoße

Paupiettes de bœuf au vin rouge

Wenn Sie Rouladen einmal ganz anders essen wollen, ist dies das richtige Rezept. Das liegt einerseits an der Hackfleischfüllung, andererseits an der originellen Rotweinsoße.

4 dünne Scheiben Rouladenfleisch, Salz, schwarzer Pfeffer, 4 Scheiben Schinkenspeck, 1 Eßlöffel scharfer Senf; für die Füllung: 200 g gemischtes Hackfleisch (Rind und Schwein), 2 Eßlöffel entkernte grüne Oliven, 1 zerquetschte Knoblauchzehe, 3 gehackte Schalotten, 1 Ei, Salz, schwarzer Pfeffer, 4 kleine Essiggürkchen (Cornichons); zum Schmoren und für die Soße: 40 g Schweineschmalz, 3 grob gehackte Zwiebeln, 2 Eßlöffel Tomatenmark, 1/8 l Rotwein, Pfeffer, Salz

Rouladenfleisch flach klopfen, salzen und pfeffern, die Speckscheiben daraufgeben und mit Senf bestreichen. Für die Füllung Hackfleisch mit gehackten Oliven, zerquetschtem Knoblauch, gehackten Schalotten, Ei, Salz und Pfeffer zu einem Hackteig verarbeiten, kräftig abschmecken. Den Teig auf die Speckscheiben streichen, je 1 Gürkchen in die Mitte geben. Die Rouladen zusammenrollen und klammern, zusammenstecken oder mit gebrühtem Faden zusammenbinden, in der Bratenpfanne in heißem Schweineschmalz ringsum braun anbraten. Zwiebeln und Tomatenmark dazugeben und im Fett kurz andünsten, dann den Rotwein angießen und die Rouladen zugedeckt 60–80 Minuten schmoren. Bei Bedarf etwas Wein nachgießen. Rouladen herausnehmen, auf einer vorgewärmten Platte anrichten. Die Soße durchsieben, abschmecken und über die Rouladen gießen oder gesondert reichen. Dazu Salzkartoffeln oder Kartoffelpüree und grünen Salat reichen. Als Getränk paßt Rotwein.

Sauerkraut auf Elsässer Art

Choucroute garnie à l'alsacienne

Das weingewürzte Sauerkraut aus dem Elsaß gehört zu den berühmtesten Sauerkrautgerichten der Welt. Im Elsaß hat jede Hausfrau ihr eigenes Spezialrezept – je nachdem, ob das Gericht mehr oder weniger Fettiges enthalten soll. Unser Rezeptvorschlag hält sich an der untersten Joulegrenze. Wenn Ihnen das zu sparsam erscheint, können Sie natürlich weitere Fleischlichkeiten mitgaren – beispielsweise geräucherte Schweineschulter, Eisbein, Schweinekamm und/oder Räucherspeck, außerdem Würstchen der verschiedenen Art und Leberknödel. Je vielseitiger und reichhaltiger die „Garnierung" des Choucroute garnie, desto besser (sagen die Freunde dieses Rezeptes).

---

*750 g Sauerkraut, 2 Zwiebeln,
2 Eßlöffel Gänseschmalz, 1 säuerlicher Apfel,
2 Gläser Weißwein (Riesling aus dem Elsaß),
10 Wacholderbeeren, knapp 1/4 l
Fleischbrühe, 125 g durchwachsener Speck,
1 Schnapsglas Kirschwasser, 4 Kochwürstchen*

Sauerkraut ungewaschen mit geschälten und kleingeschnittenen Zwiebeln und Gänseschmalz in einen großen Topf geben, unter ständigem Umrühren 5 Minuten durchschmoren. Apfel schälen, vom Kernhaus befreien und in Stücke schneiden, zum Sauerkraut geben. Weißwein und Wacholderbeeren dazugeben und Fleischbrühe angießen, alles gut vermengen und das Sauerkraut zugedeckt bei schwacher Hitze in etwa 2 Stunden garen. Nach einer Stunde den Speck, nach anderthalb Stunden das Kirschwasser und die Würstchen dazugeben. Dazu Salzkartoffeln reichen, nach Belieben zusätzlich Erbspüree. Als Getränk paßt ein Riesling aus dem Elsaß, wenn Sie nicht Bier bevorzugen.

Savoyer Kartoffelkuchen

Farçon

Mit Kartoffeln verstehen die Savoyarden eine Menge anzufangen. Berühmt sind ihre überbackenen Kartoffelgerichte, die Gratins. Aber als Nationalgericht gilt immer noch der Farçon, für den es ein Dutzend oder mehr Rezepte gibt – vom überbackenen Kartoffelpüree bis zum Kartoffelkuchen mit Backpflaumen und Sultaninen, dessen Rezept hier beschrieben wird. Dazu könnten Sie einen Glühwein auf Savoyer Art trinken. Er besteht aus trockenem Rotwein mit Zucker, Zitrone und Nelken. Diese durchaus konventionelle Würze wird ergänzt durch ein Lorbeerblatt und zwei Teelöffel gerebelten Thymian.

---

750 g Kartoffeln, Salz, 50 g Butter, 25 g Mehl, 50 g Zucker, 2 Eier, 225 g Backpflaumen, 1/5 l trockener Weißwein, 65 g Rosinen, 2 Schnapsgläser Cognac, 15 g Butter für die Form

---

Kartoffeln waschen, in leicht gesalzenem Wasser garen, abpellen und durch die Kartoffelpresse geben oder durch den Fleischwolf drehen. Mit weicher Butter, Mehl, Zucker und Eigelb zu einem glatten Kartoffelteig verarbeiten. Eiweiß steif schlagen und unterziehen. Backpflaumen in Weißwein, Rosinen in Cognac weichen, abtropfen lassen und trockentupfen. Die Pflaumen entsteinen. Rosinen und Pflaumen zum Kartoffelteig geben. Eine Springform oder ofenfeste Keramikform buttern, den Teig hineingeben, glattstreichen und im vorgeheizten Ofen bei 200°C in 30–35 Minuten backen. 15 Minuten abkühlen lassen, den Kuchen auf eine Platte stürzen.

Schäufele in Weißwein

Die gepökelte und leicht geräucherte Schweineschulter, das Schäufele, kann man im Backofen garen, aber auch das hier vorgeschlagene Kochverfahren mit viel Gewürzen und Kräutern in einem Weißweinsud hat seine Vorzüge. Zu dem deftig-herzhaften Gericht sollten Sie auf jeden Fall einen passenden Salat kombinieren. Falls Ihr Metzger oder Fleischer nicht mit einem Schäufele dienen kann, weil so etwas in Ihrer Gegend nicht zu den Spezialitäten gehört, sollten Sie ihn darum bitten, eine Schweineschulter entsprechend aufzubereiten. Freilich wiegt eine „komplette" Schweineschulter ihre 1,5 bis 2 Kilogramm. Sie müßten also das Rezept mindestens verdoppeln – und liebe Gäste einladen.

---

800 g Schäufele (gepökelte und angeräucherte Schweineschulter), 1 l Wasser, 1/2 l trockener Weißwein, 1 Zwiebel, 3 Gewürznelken, 4 Wacholderbeeren, 4 Pfefferkörner, 4 Pimentkörner, 1 Lorbeerblatt, 1 Bouquet garni (Petersilie, Selleriegrün, Thymian)

Vorbereitete Schweineschulter in einen Topf geben, Wasser und Weißwein angießen, grob geschnittene Zwiebel, Gewürze und Kräuter dazugeben, zum Kochen bringen und die Schulter bei mittlerer Hitze garen. Das Fleisch herausnehmen, abtropfen lassen, in Scheiben schneiden und auf einer vorgewärmten Platte anrichten. Dazu kann man Kartoffel- und Gurkensalat oder einen frischen Blattsalat (Endivien, Feldsalat) oder auch einen Weißkrautsalat reichen. Ein badischer Weißwein wäre als Begleitgetränk zu empfehlen, aber auch ein trockener und herzhafter Rotwein schmeckt nicht schlecht dazu.

Schmorbraten auf französische Art

Bœuf à la mode

Das ist eine international eingeführte französische Version des berühmten Sauerbratens, der zu den Lieblingsgerichten der Bundesbürger gehört. Boeuf à la mode fehlt beispielsweise auf kaum einer Speisekarte einer ländlichen Gastwirtschaft, wenn auch die Ursprungsbezeichnung unter Namensabwandlungen wie „Bifflamott" manchmal nur schwer zu erkennen ist. Bei fachgerechter Zubereitung ist dieser Schmorbraten ein Genuß.

---

1 kg Rindfleisch (Keule oder Bug), 1 Bund Suppengrün, 1 Zwiebel, Salz, Pfeffer, 1 Lorbeerblatt, 6 Pfefferkörner, 1/2 l Rotwein, 2 Eßlöffel Weinessig, 50 g Schweineschmalz, 1 Teelöffel Zucker, 40 g Mehl, 2 Eßlöffel Cognac, 2 Eßlöffel saure Sahne

---

Rindfleisch waschen, abtropfen lassen und in eine passende, nicht zu große Schüssel legen. Geschnittenes Suppengrün und Zwiebel, Salz, Pfeffer, Lorbeerblatt und Pfefferkörner mit Rotwein und Essig mischen und über das Fleisch gießen (das Fleisch soll bedeckt sein; ggf. mehr Rotwein verwenden). 2–3 Tage unter gelegentlichem Wenden marinieren. Dann das Fleisch herausnehmen, die Marinade durch ein Sieb gießen. Fleisch in die Bratenpfanne geben, mit Marinade übergießen und darin garen. Schmalz zerlassen, Zucker und Mehl darin bräunen, mit 1/2 l Marinade ablöschen, 8 Minuten kräftig durchkochen. Die Soße mit Cognac und Sahne verfeinern, mit Salz und Pfeffer abschmecken. Fleisch in Scheiben schneiden und vor dem Anrichten kurz in der Soße erhitzen. Dazu passen Kartoffelknödel ebenso gut wie Salzkartoffeln oder Kartoffelpüree. Ein frischer Salat liefert die nötigen Vitamine. Als Getränk wäre ein herzhafter Rotwein zu empfehlen.

Schnecken in Moselweinteig

Diese Spezialität von der Mosel ist schon sehr alt, ihr Rezept wurde erst vor einigen Jahren wiederentdeckt. Wenn Sie Schnecken mögen: So können Sie sie einmal auf ganz neue Art verspeisen.

---

1 Karotte, 1 Scheibe Sellerie, 1 Scheibe Kohlrabi, 2 Knoblauchzehen, 40 g Butter, 1/4 l Moselwein, je 1/2 Eßlöffel gehackte Petersilie, Kerbel, Rosmarin, Schnittlauch und Thymian, 24 Weinbergschnecken (Dose); 24 große Weinbeeren, 24 hauchdünne Scheiben Räucherspeck; für den Ausbackteig: 2 Eier, knapp 1/4 l Moselwein, 2 Teelöffel Öl, Salz, weißer Pfeffer, 250 g Mehl; Ausbackfett oder -öl; für die Soße: 1/8 l Sahne, 30 g Butter, 1 Teelöffel Speisestärke

---

Karotte, Sellerie, Kohlrabi und Knoblauch fein hacken, in heißer Butter andünsten, dann den Wein angießen, gehackte Kräuter und abgetropfte Schnecken (den Fond aufheben) hineingeben, zum Kochen bringen und 10 Minuten bei schwacher Hitze ziehen lassen. Schnecken herausnehmen und abtropfen lassen. Jeweils 1 Schnecke mit 1 Weinbeere in eine Speckscheibe wickeln, mit Holzspießchen zusammenhalten. Für den Ausbackteig die angegebenen Zutaten verrühren, 30 Minuten ziehen lassen, dann nochmals durchrühren. Die Schneckenpäckchen durch Ausbackteig ziehen und in heißem Fett oder Öl schwimmend goldbraun backen, abtropfen lassen, auf eine vorgewärmte Platte legen. Schneckenfond mit durchgesiebter Kochbrühe (ggf. nur einen Teil der Kochbrühe verwenden) zum Kochen bringen, mit Sahne und Butter verfeinern und mit kalt angerührter Speisestärke leicht binden. Soße gesondert zu den Schnecken reichen. Dazu paßt ein spritziger Mosel- oder Saarwein.

Schnecken in Weißweinsud

Escargots au jus

„Schnecken sind Nadeln, um den Wein einzufädeln", sagt ein französisches Sprichwort. Sie machen den Magen geneigt zur Aufnahme edler Tropfen. Dieses Rezept geht von der klassischen Zubereitung (mit Schneckenbutter) ab und empfiehlt einen Sud aus Wein und Brühe. Seit es Schnecken in der Dose gibt, schreckt keine Köchin mehr vor der früher sehr umständlichen Schneckenzubereitung zurück.

---

48 Schnecken mit Häuschen (Dose), 100 g fetter Speck, 2 Knoblauchzehen, 50 g Spinatblätter, 1/2 Bund Petersilie, 1/2 Bund Schnittlauch, 1/4 l trockener Weißwein, 1/4 l Fleischbrühe, Salz, schwarzer Pfeffer, 1 Eigelb, 2 Eßlöffel Walnuß- oder Erdnußöl, 2 geschälte Walnüsse

---

Schnecken in ein Sieb geben und gründlich abspülen. Häuser in heißem Wasser waschen, spülen und abtrocknen. Die Schnecken in die Häuser stecken. Speck, Knoblauch, Spinat, Petersilie und Schnittlauch fein hacken, im Mixer zerkleinern oder durch den Fleischwolf drehen, mit Wein und Brühe in einen großen Topf geben, aufkochen und unbedeckt etwa 90 Minuten einkochen, zwischendurch salzen und pfeffern. Die Schnecken mit Häusern in den Sud geben, 20 Minuten unter vorsichtigem Umrühren kochen, damit sie gut durchtränkt werden. Eigelb in einer vorgewärmten Schüssel 2–3 Minuten mit dem Handrührgerät verquirlen, tropfenweise Walnuß- oder Erdnußöl dazugeben und so verschlagen, daß eine cremige Mayonnaise entsteht. Den Schneckentopf von der Brennstelle nehmen und die Mayonnaise portionsweise unterrühren. Die Schnecken mit den gehackten Walnüssen bestreut im Topf servieren. Dazu gibt es Stangenweißbrot und einen frischen Weißwein.

Schweinekoteletts mit Chianti

Maiale ubriaco

Die wörtliche Übersetzung der italienischen Rezeptbezeichnung lautet „besoffenes Schwein": Es handelt sich um ganz normale Schweinekoteletts, die mit Chianti geschmort werden. Nicht jeder Wein, der in einem maisstrohumflochtenen Fiasco angeboten wird, ist ein Chianti, und nicht jeder Chianti ist wirklich einer. Wer auf das Original Wert legt, sollte auf die Bezeichnung „Chianti classico" achten, die nur von den Weinbauern aus acht Gemarkungen der Provinzen Siena und Florenz geführt werden darf. Dieses Gebiet diente zur Zeit der kriegerischen Auseinandersetzungen zwischen Florenz und Siena als eine Art Pufferzone. 1376 kam es sogar zur Gründung einer „Chianti-Liga". In ihr verbündeten sich Florentiner Burgherren mit dem Ziel, so lange mit den Leuten von Siena zu verhandeln, bis die Truppen von Florenz bewaffnet und kampfbereit waren.

4 Schweinekoteletts, Salz, weißer Pfeffer, 2–3 Eßlöffel Olivenöl, 1 Knoblauchzehe, 1/8 l Chianti

Koteletts salzen und pfeffern, in der Pfanne in heißem Olivenöl beiderseits anbraten und bräunen. Die zerquetschte Knoblauchzehe dazugeben und mitbraten. Mit Chianti aufgießen, die Pfanne zudecken und die Koteletts in 25–30 Minuten garen. Bei Bedarf noch etwas Wein nachgießen. Wenn die Koteletts fertig sind, muß der Chianti vollständig aufgesaugt sein. Dazu paßt eine Gemüsezubereitung mit Soße (z. B. Kohlrabi, Fenchel, Gurken, Porree). Als Getränk kommt durchaus ein Chianti in Frage, es kann sich aber auch um einen herzhaften und trockenen Weißwein handeln.

Seezunge in Safransoße

Sole au safran

Das Rezept ist nicht anspruchslos, aber Sie werden sehen, daß sich der Aufwand lohnt: eine vorzügliche Zubereitungsart für die beliebte Seezunge.

2 Seezungen (je 500 g), 2 Zwiebeln, 60 g Butter, 1/4 l trockener Weißwein, 8 weiße Pfefferkörner, 1 Lorbeerblatt, Salz, 2 Schalotten, 125 g Champignons, 1/4 l Sahne, 1 Prise Safran; Mehlbutter aus 20 g Mehl und 20 g Butter; weißer Pfeffer

Seezungen abziehen und filetieren, die Filets einmal quer durchschneiden. Zwiebeln schälen und in Scheiben schneiden. In einem Topf 1 Eßlöffel Butter erhitzen, Fischabfälle und Zwiebeln hineingeben, 5 Minuten kräftig anrösten, dann mit Weißwein (5 Eßlöffel davon zurückbehalten) ablöschen, Pfefferkörner, Lorbeerblatt und Salz hineingeben und die Brühe 20 Minuten bei mittlerer Hitze kochen, anschließend durchsieben. Seezungenstücke in eine gebutterte ofenfeste Form geben, salzen, die fein gehackten Schalotten aufstreuen. Champignons putzen, in Scheiben schneiden und um die Filets legen, restlichen Weißwein dazugeben. Die Filets mit den Champignons 12–15 Minuten im vorgeheizten Backofen bei 180°C dünsten, dabei mit Alufolie abdecken. Dünstfond abgießen und mit der Wein-Fisch-Brühe mischen, Sahne und Safran hineingeben und die Soße etwas einkochen lassen. Mehl mit Butter verkneten, die Mehlbutter stückchenweise in die Soße geben, auflösen und die Soße 8 Minuten gründlich durchkochen, mit Pfeffer und Salz abschmecken. Die Soße über Filets und Pilze gießen und nochmals 4–5 Minuten im Ofen überbacken. Dazu frischen Salat reichen, als Getränk einen edlen Weißwein.

Sommersalat mit Sherry-Dressing

Die Herstellung des Sherry ist fast geheimnisvoll. Der Most aus in der Sonne getrockneten Palominotrauben gärt langsam in Holzfässern, die nicht ganz gefüllt sind. Nach der Gärung wird Weinbrand, ebenfalls aus Sherrywein gewonnen, zugesetzt. Dann beginnt die sogenannte *solera*, die Faßmischung: In der Weinhandlung lagern drei oder vier Reihen von Sherryfässern pyramidenförmig übereinander. In der obersten Reihe ist der jüngste Wein, in der untersten der älteste. Von Zeit zu Zeit wird von oben nach unten vermischt, bis sich die ideale Zusammensetzung ergibt. Zur Prüfung entnimmt der Experte mit der *venencia*, einem silbernen Gefäß an einem langen Fischbein, eine Probe aus den Fässern und füllt sie mit geübtem Schwung in Gläser ab (siehe Bild Seite 50).

*1 kleiner Kopf grüner Salat,
250 g Brechspargel, Salzwasser, 1 Prise Zucker, 2 kleine Mohrrüben, 1 kleiner Kohlrabi, 100 g Erbsen, 2 Tomaten, 1/2 grüne Gurke, 2 hartgekochte Eier; Dressing:
2 Eßlöffel Mayonnaise, 2 Eßlöffel Joghurt,
1/10 l trockener Sherry, 1 Teelöffel Essigessenz (25%), 1 Teelöffel Zucker, Salz, Pfeffer*

Salat verlesen, waschen, ausschwenken und zerpflücken. Spargel schälen, waschen und beliebig zerteilen, in leicht gesalzenem Wasser mit einer Prise Zucker bißfest garen und abtropfen lassen. Mohrrüben und Kohlrabi schälen, in Scheiben bzw. Stifte schneiden. Erbsen waschen, in wenig Salzwasser garen, abgießen. Tomaten überbrühen, abziehen und in Achtel schneiden. Gurke geschält oder ungeschält hobeln. Eier schälen und achteln. Salatzutaten vorsichtig miteinander mischen. Sherry-Dressing aus den angegebenen Zutaten verrühren und abschmecken, über den Salat gießen und unterheben. 30 Minuten kühl ziehen lassen.

Spaghetti auf sardische Art

Spaghetti alla Vernaccia di Oristano

Vernaccia-Wein, nicht zu verwechseln mit dem Vernatsch aus Südtirol, ist eine Spezialität der Insel Sardinien. Seines hohen Alkoholgehaltes (15–17 Volumenprozent) wegen pflegt man ihn an Ort und Stelle nicht als Tischwein zu trinken, sondern ähnlich wie den Sherry, mit dem ihn auch das Herstellungsverfahren verbindet, als Aperitif. Falls Sie keine Vernaccia di Oristano bekommen können, läßt sich das Rezept auch mit einem trockenen Sherry (Fino oder Manzanilla) verwirklichen. Außerdem schreibt das sardische Originalrezept Ricotta vor – eine säuerliche Art Quark, hergestellt jedoch nicht aus Voll- oder Magermilch, sondern aus der Molke von Kuh- oder auch Schafmilch, deshalb von unnachahmlichem Geschmack. Quark können Sie als Ersatz verwenden, wenn Sie keine Ricotta bekommen.

1/8 l stark eingekochte Fleischbrühe, 2 Gläser Vernaccia di Oristano (ersatzweise trockener Sherry), 200 g italienischer Ricottakäse (ersatzweise Magerquark); 350 g Spaghetti, Salz; 40 g Butter, 1 Eßlöffel Parmesankäse

Fleischbrühe mit Vernaccia und zerkrümelter Ricotta im Wasserbad erhitzen und zu weicher Creme verrühren. Spaghetti in leicht gesalzenem Wasser bißfest kochen, abtropfen lassen und in eine vorgewärmte Schüssel geben, mit der Creme überziehen und alles gut miteinander vermengen, dabei die Butter unterziehen. Mit Parmesan bestreut anrichten. Dazu paßt ein sardischer Rosé, etwa ein Cannonau rosato, am besten.

Spanische Rotweinbowle

Sangría

Die spanische Spezialität gilt als berühmteste Rotweinbowle der Welt. Unser Rezept hält sich an die Original-Sangría, die außer Rotwein nur Orangen- und Zitronensaft und Orangenscheiben enthält. Daran halten sich indessen auch die Spanier schon lange nicht mehr. Es gibt Sangría nur mit Pfirsichen oder Melonen, mit Ananas oder Aprikosen, Äpfeln oder Birnen – und mit Mischungen aus zwei und mehr Fruchtsorten. Wichtig ist dabei nur, daß die Zutaten gewürfelt werden, so daß man sie herausfischen und mitessen kann (was bei den ungeschälten Orangenscheiben gar nicht eingeplant ist). Gegen neue Fruchtmischungen ist also gar nichts einzuwenden – gehen Sie nach Ihrem Geschmack vor. Ob Sie auch noch die Mode mitmachen sollten, Cognac, Gin oder Cointreau in die Sangría zu tun, ist eine andere Frage. Vorschlag: Lassen Sie es lieber. Achten Sie aber immer darauf, daß eine Sangría gut gekühlt serviert werden muß. Schließlich handelt es sich um ein anregendes Erfrischungsgetränk.

1/4 l Orangensaft, 2 kleine Orangen, 50 g Zucker, 1/8 l Wasser, Saft einer halben Zitrone, 2 Flaschen spanischer Rotwein (Rioja)

Orangensaft in ein Bowlengefäß gießen. Die kleinen Orangen unter heißem Wasser abbürsten, in 5 mm dicke Scheiben schneiden (die Schale bleibt dran), zum Orangensaft geben. Zucker und Wasser aufkochen, abkühlen lassen und ins Bowlengefäß geben, den Zitronensaft und den Wein hinzufügen. Die Rotweinbowle 2 Stunden zugedeckt in den Kühlschrank stellen. In Becher- oder Bowlengläsern servieren.

Spargel mit Weinschaumsoße

Asparagi alla piemontese

Warum Spargel immer nur mit zerlassener Butter oder Mousseline-Soße? In der norditalienischen Landschaft Piemont, rings um Turin, kommt der Spargel manchmal mit einer Weinschaumsoße auf den Tisch, die sich von der gleichnamigen, zu Süßspeisen und Gebäck gereichten Soße nur in einem Detail unterscheidet: Sie enthält nur ganz wenig Zucker. Der verwendete Wein sollte kräftig-würzig sein, aber nicht aufdringlich süß. Den Spargel verwenden Sie bitte so frisch wie möglich – wenn Sie ihn schon unbedingt lagern müssen, dann feucht, kühl und luftgeschützt – und auf keinen Fall länger als 24 Stunden, auch nicht im Kühlschrank.

---

*1 kg frischer Spargel, Salz, 1 Prise Zucker;
für die Weinschaumsoße: 3 Eigelb,
1/4 l würziger Weißwein (z.B. Frascati oder
Morio-Muskat), 1 Eßlöffel Zitronensaft,
je 1 Prise Salz und Zucker, 40 g Butter*

Den Spargel schälen und in leicht gesalzenem Wasser mit einer Prise Zucker in etwa 20 Minuten bißfest garen, gut abtropfen lassen und auf einer vorgewärmten Platte anrichten. Für die Weinschaumsoße Eigelb mit Weißwein, Zitronensaft, Salz und Zucker im Wasserbad erhitzen, dabei ständig mit dem Schneebesen schlagen oder mit dem Handrührgerät quirlen, bis die Masse dickschaumig ist. Zuletzt die Butter portionsweise dazugeben und weiterrühren. Die Soße gesondert zum Spargel reichen. Ein Weißwein der Art, die für die Weinschaumsoße verwendet wurde, paßt am besten zu dieser originellen Zubereitung.

Tafelspitz St. Magdalena

Samtig-weicher St.-Magdalener-Rotwein aus Südtirol verleiht diesem besonders zarten Rindfleischstück, dem Tafelspitz, seinen unnachahmlichen Charakter.

750 g Tafelspitz, 100 g fetter Speck, 60 g Schweineschmalz, 1 Karotte, 2 Zwiebeln, 2 Stengel Stangensellerie, 1 Tomate, Salz, Pfeffer, 1 Eßlöffel Mehl, 1/2 l St.-Magdalener-Wein, 1 Kräutersträußchen, etwa 1/4 l Fleischbrühe; für die Soße: 250 g Zwiebeln, 1 Knoblauchzehe, 1 Lorbeerblatt, 60 g Butter, 1 Eßlöffel gehackter frischer Thymian (oder 2 Teelöffel getrockneter), 50 g getrocknete Steinpilze; 1 Eßlöffel geriebener Parmesankäse, 2 Eßlöffel Sahne

Tafelspitz vorbereiten, Speck in Streifen schneiden und das Fleisch damit spicken, in der Bratenpfanne in heißem Schmalz ringsum anbraten. Karotte, Zwiebeln, Selleriestengel und Tomate grob schneiden und mit dem Fleisch anrösten, mit Salz und Pfeffer würzen und Mehl überstäuben. Mit Rotwein ablöschen, das Kräutersträußchen hinzufügen, das Fleisch in etwa 2 1/2 Stunden im vorgeheizten Backofen garen. Zwischendurch etwas Fleischbrühe darübergießen. Fleisch aus der Pfanne nehmen, in Scheiben schneiden und in eine ofenfeste Form schichten. Bratfond durch ein Sieb rühren (bei Bedarf mit etwas Brühe loskochen). Für die Soße Zwiebeln in feine Scheiben schneiden, Knoblauchzehe zerquetschen, beides mit dem Lorbeerblatt in Butter goldgelb dünsten und den Thymian dazugeben. Mit 3/8 l Bratfond ablöschen, eingeweichte Pilze dazugeben und alles 10 Minuten kochen. Soße abschmecken, über das Fleisch gießen, Parmesan aufstreuen und Sahne darauf verteilen. Kurz im Ofen überbacken. Mit frischem Salat zu Tisch geben – und mit einem Glas St. Magdalener oder zwei.

Tintenfisch in Rotwein

Kalamarakia krassata

An Ort und Stelle in Griechenland, wo dieses reizvolle Rezept erfunden wurde, gibt es genug frische Tintenfische. Sie werden auf tiefgefrorenen Fisch zurückgreifen müssen, der nach dem Auftauen genauso behandelt wird wie der frische. Den bei uns meist fehlenden griechischen Rotwein (Retsina ist nicht geeignet) ersetzen Sie durch Ahrburgunder oder Loirewein.

1 kg Tintenfisch, 1/8 l Weinessig, Salz, 7 Eßlöffel Olivenöl, 3 Zwiebeln, 2 Stauden Bleichsellerie, 1/4 l Rotwein, 1/2 Lorbeerblatt, Salz, schwarzer Pfeffer

Tintenfisch waschen, Fangarme, Kopf und Innereien herausdrehen, Knorpel entfernen und Haut vorsichtig abziehen. Den Fisch in einer Schüssel mit Essig beträufeln und zugedeckt 20 Minuten ziehen lassen, dann mit Salz einreiben. 3 Eßlöffel Olivenöl in eine Bratenpfanne gießen und den Tintenfisch hineingeben, im vorgeheizten Ofen etwa 40 Minuten bei 180°C garen. Zwiebeln schälen und hacken. Bleichsellerie putzen, waschen, abtropfen lassen und in Streifen schneiden. Den Tintenfisch aus der Bratenpfanne nehmen, etwas abkühlen lassen und in etwa 2 cm große Würfel schneiden. Restliches Öl in einem Topf erhitzen, Zwiebeln und Sellerie darin 3 Minuten anbraten. Den Fisch dazugeben, Rotwein angießen, Lorbeerblatt hineingeben, alles salzen und pfeffern. Den Sud zum Kochen bringen und den Fisch im zugedeckten Topf in 45 Minuten vollends garen. Im Topf zu Reis und Tomaten- oder Gurkensalat reichen. Ein leichter Rot- oder ein herzhafter Weißwein paßt am besten dazu.

Topfhase mit Schneebällchen

Rheinpfälzer Dippehas

Der berühmte Dippehas aus der „Palz" wurde früher, ähnlich wie eine französische Daube, in einem Topf mit fest schließender Teigabdeckung bereitet. Heute geht es in der Tonform oder auch dem Schnellkochtopf einfacher.

Für 6–8 Personen:
1 bratfertiger Hase, 3 Zwiebeln,
500 g Schweinebauch, 250 g geriebenes
Schwarzbrot, Salz, Pfeffer, 1/2 Teelöffel
Thymianpulver, 1 Prise Nelkenpulver,
3 Wacholderbeeren, 2 Lorbeerblätter,
3/4 l Rotwein; für die Schneebällchen:
1 kg gekochte Kartoffeln, 1 Zwiebel,
30 g Butter, 2 Eier, Salz, geriebene
Muskatnuß, 80 g Mehl; 60 g Butter

Den Hasen vorbereiten, in Portionsstücke zerteilen. Zwiebeln fein hacken, Schweinebauch in dünne Scheiben schneiden. Zwiebeln auf den Boden einer Tonform (auch ein Schnellkochtopf kann verwendet werden) verteilen und mit einer Schicht Brotbrösel abdecken, darauf eine Schicht Schweinebauch geben, mit Hasenfleisch belegen und würzen. Nach diesem Verfahren die Form lagenweise füllen. Rotwein angießen (nach Möglichkeit mit etwas Hasenblut vermischt), die Form schließen und das Gericht in 30–40 Minuten garen. In der Form auf den Tisch bringen. Dazu Schneebällchen: Kartoffeln reiben oder durch den Fleischwolf drehen. Zwiebel fein hacken und in der Butter hellgelb andünsten. Kartoffeln mit allen anderen Zutaten zu Kloßteig vermengen, gründlich durcharbeiten. Kleine Klöße formen, in schwach kochendem, leicht gesalzenem Wasser gar ziehen lassen. Vor dem Servieren halbieren und mit gebräunter Butter übergießen.

Weincreme

Eine schnell zubereitete Nachspeise, die den Weingeschmack ausgezeichnet zur Geltung kommen läßt. Die vor dem Gelieren untergezogene Schlagsahne sorgt dafür, daß die Creme schön locker und duftig erstarrt. Wer eine inhaltsreichere Creme wünscht, kann geschnittene Früchte hineinmischen – beispielsweise Bananenscheiben, Ananasecken oder Mandarinorangen. Zur Weincreme reicht man, wie zu den meisten Süßspeisen, im allgemeinen keinen Wein. Meist steht ohnedies noch der zum Hauptgang gereichte Wein auf dem Tisch. Es ist aber auch gegen ein Glas Sekt als Abschluß der Mahlzeit nichts einzuwenden.

4 Eigelb, 200 g Zucker, abgeriebene Schale einer Zitrone, Saft von einer Zitrone und einer Orange, 1/4 l kräftiger Weißwein, 8 Blatt weiße Gelatine, 1/4 l Sahne, 8 Weinbeeren

Eigelb mit Zucker, Zitronenschale, Zitronen- und Orangensaft verrühren, den Weißwein dazugeben. Die Mischung im Wasserbad erhitzen und dabei kräftig schlagen (Schneebesen, Rührquirle des Handrührgeräts), bis die Masse aufsteigt. Aus dem Wasserbad nehmen und die in etwas kaltem Wasser eingeweichte Gelatine unter Umrühren darin auflösen, nicht mehr zum Kochen bringen. Die Creme abkühlen lassen und dabei immer wieder umrühren. Sahne steif schlagen und unterziehen, wenn die Creme zu gelieren beginnt. Dessertschüsselchen oder Sektschalen mit kaltem Wasser ausspülen, etwas Zucker hineinstreuen und die Creme hineinfüllen, im Kühlschrank erstarren lassen. Mit halbierten und entkernten Weinbeeren garniert als Dessert reichen. Wer will, kann etwas Schlagsahne zurückbehalten und die Weincreme zusätzlich damit dekorieren.

Weinkaltschale

Das ist die richtige „Vorsuppe" für einen warmen Sommertag. Sie können aber auch eine Dessertsuppe daraus machen oder die Kaltschale zum Abendessen reichen, mit einem belegten Butterbrot hinterher. Wie der Name sagt, sollte die Suppe gut gekühlt (aber nicht eiskalt) auf den Tisch kommen, auf jeden Fall also nicht lauwarm. Pfirsiche und Erdbeeren verbinden sich am besten mit dem Weingeschmack (deshalb werden beide auch bei Bowlen bevorzugt). Aber Sie können natürlich eine Weinkaltschale auch mit Heidelbeeren oder Mandarinen verfeinern.

3/4 l Weißwein, 30 g Sago,
1/2 l weißer Traubensaft, 2 reife Pfirsiche,
250 g Erdbeeren, Saft einer Zitrone,
2 Schnapsgläser Weinbrand, 1 Eßlöffel
Himbeersaft, 2 Eßlöffel Zucker,
je 75 g Suppenmakronen und kleine Baisers
(fertig gekauft)

1/2 l Weißwein in einem Topf erhitzen, Sago hineinrühren und bei schwacher Hitze 20 Minuten quellen lassen, zwischendurch ein paarmal umrühren. Traubensaft dazugeben und die Suppe kaltstellen. Pfirsiche mit kochendem Wasser übergießen, 5 Minuten ziehen lassen. Die Pfirsiche enthäuten und vierteln, dabei die Steine entfernen. Erdbeeren waschen, abtropfen lassen und von Stielen und Stielansätzen befreien. Früchte mit einer Gabel zerdrücken oder im Mixer zerkleinern, in die Kaltschale geben. Restlichen Wein, Zitronensaft und Weinbrand hineingießen, die Kaltschale mit Himbeersaft und Zucker abschmecken. In großen Suppentassen anrichten, Makronen und Baisers erst am Tisch hineingeben, damit sie nicht aufweichen. Größere Baisers zuvor grob zerkleinern.

Weinschaum mit Marsala

Zabaione

Weinschaum als Süßspeise oder auch als Soße zu Fruchtspeisen, Reis oder Mehlspeisen gibt es in vielen Varianten. Die klassische Form wird Chaudeau genannt und im allgemeinen aus Weißwein zubereitet. Wenn Sie an die Stelle des Weißweins einen sizilianischen Marsala der traditionellen Art (dunkelfarbig-ölig, 17–18 Alkoholprozente) setzen, bekommen Sie einen Zabaione, in der französischen Küche auch Sabayon genannt. Bei einer festlichen italienischen Mahlzeit darf der Zabaione als Krönung und Abschluß nicht fehlen. Als Erfinder dieser einfachen und doch raffinierten Delikatesse gilt der ungenannte Hofkoch eines italienischen Renaissancefürsten. Die Köche der Maria de' Medici dürften das Rezept mit nach Frankreich genommen haben, als ihre Fürstin mit großem Pomp dorthin reiste, um den künftigen König zu heiraten. Sollten Sie irgendwo auf die Schreibweise „Zabaglione" stoßen: nicht falsch, aber heute nicht mehr üblich.

---

5 Eigelb, 1 ganzes Ei, 2 Eßlöffel Zucker, 1 Glas Marsala

Eigelb mit ganzem Ei und Zucker im Wasserbad erhitzen und dabei so lange mit dem Schneebesen oder dem Handrührgerät schlagen, bis eine schaumige, blaßgelbe Creme entsteht. Löffelweise den Marsala dazugeben und weiterschlagen, bis der Weinschaum so viel Konsistenz hat, daß er auf einem Löffel die Form behält, also nicht auseinanderläuft. Den Weinschaum auf Stielgläser oder Dessertschalen verteilen, heiß zu Tisch geben.

Weißweinbowle mit Erdbeeren

Eine Bowle ist nur so gut wie die darin verwendeten Weine. Hüten Sie sich vor sogenannten Bowlenweinen – sie garantieren Ihnen nicht dafür, daß Sie nach dem gemütlichen Sommerabend nicht mit Haarspitzenkatarrh aufwachen. Eine gute Mittelsorte sollte es zumindest sein – und so wenig Zucker wie möglich. Wenn Sie letztes Mal erst Erdbeerbowle hatten, können Sie es mit anderen Früchten probieren. Gut geeignet sind beispielsweise Pfirsiche (die Sie mit kochendem Wasser überbrühen und abziehen sollten, bevor sie geschnitten werden), frische Ananasstückchen, Himbeeren, Mandarinen oder Litschis. Falls Sie Früchte aus der Dose verwenden wollen, weil es keine frischen gibt, gießen Sie auch etwas von dem Fruchtsaft in das Bowlengefäß. Das verstärkt den Fruchtgeschmack.

Für 6–8 Personen:
500 g frische Erdbeeren, 75 g Zucker,
1 Zitrone, 2 Flaschen Rheinwein, 1 Flasche
Moselwein, 1 Flasche Sekt

Erdbeeren in ein Sieb geben, unter fließendem Wasser waschen und abtropfen lassen. Stiele und Stielansätze abdrehen. Die Früchte ganz oder halbiert (je nach Größe) in ein Bowlengefäß geben, mit Zucker bestreuen. Zitrone waschen, mit Küchenkrepp trockentupfen und die Schale hauchdünn spiralförmig abschälen, in das Bowlengefäß hängen. Eine Flasche Rheinwein darübergießen, zugedeckt 1 Stunde kaltstellen. Zitronenschale herausnehmen, den restlichen Wein und unmittelbar vor dem Servieren den Sekt hineingießen.

Weißweingelee mit Erdbeeren

Für diese Geleespeise eignet sich ein ausdrucksvoller Weißwein am besten – etwa ein Frankenwein oder auch ein Wein aus dem Rheingau. Wenn Sie die Süßspeise besonders lecker machen wollen, verwenden Sie Walderdbeeren. Nach dem gleichen Rezept lassen sich auch andere Früchte verarbeiten: Himbeeren, Heidelbeeren, Johannisbeeren, Brombeeren verwenden Sie roh (bzw. aus der Tiefkühltruhe), andere Obstsorten sollten zuvor angedünstet werden (etwa Äpfel, Birnen, Kirschen).

400 g Erdbeeren, 125 g Zucker, 1/4 l kräftiger Weißwein, 8 Blatt weiße Gelatine, 1/8 l süße Sahne, 1 Eßlöffel Zucker

Erdbeeren mit Zucker bestreuen, vorsichtig durchmischen, dann den Weißwein übergießen und die Mischung 2 Stunden ziehen lassen. Erdbeeren in ein Sieb geben, den Weinsaft abtropfen lassen und mit Wasser auf 3/8 l auffüllen. Gelatine in wenig kaltem Wasser einweichen, bei sehr schwacher Hitze auflösen. Den Geliersud mit dem Erdbeerwein vermengen. In eine kalt ausgespülte Puddingform oder Glasschüssel einen Spiegel gießen (etwa zentimeterhoch), sobald die Masse zu gelieren beginnt. Den Spiegel im Kühlschrank erstarren lassen. Abwechselnd schichtweise Erdbeeren und Geliersud einfüllen, jede Schicht im Kühlschrank fest werden lassen, bevor die nächste an die Reihe kommt. Nach dem Erstarren der letzten Schicht Rand vorsichtig mit einem Messer lockern, die Form kurz in heißes Wasser tauchen und das Weißweingelee auf eine Platte stürzen. Kurz vor dem Anrichten Sahne mit Zucker steif schlagen und das Gelee mit dem Spritzbeutel garnieren.

Wiener Weinkoch

Ein Koch ist in diesem Fall eine besondere Zubereitungsform, also nicht der Mann in der hohen Toque hinter dem Küchenherd. Im allgemeinen bezeichnet man Aufläufe mit diesem Namen, also im Ofen gebackene Gerichte aus einer lockeren, eierhaltigen Masse, die beim Backen „aufläuft", also in der Backform aufsteigt (und diese Form auch nach dem Herausnehmen beibehält, wenn man alles richtig gemacht hat). Zu der lockeren Eierspeise gibt es eine herzhafte Rotweinsoße. Daher hat das Gericht aus der österreichischen Küche seinen Namen.

Für den Auflauf: 4 Eigelb, 80 g Zucker, Saft und abgeriebene Schale einer Zitrone, 75 g gemahlene Mandeln, 75 g Semmelmehl, 1/2 Teelöffel gemahlener Zimt, 4 Eiweiß; etwas Butter für die Form; für die Soße: 1/4 l Rotwein, 1/4 Zimtstange, 40 g Zucker, 3 Teelöffel Speisestärke

Eigelb und Zucker in einer Schüssel schaumig rühren, nach und nach Zitronensaft und -schale, Mandeln, Semmelmehl und Zimt dazugeben. Eiweiß steif schlagen, unter die Eiercreme heben. Eine ofenfeste Form buttern, die Eiercreme hineinfüllen und glattstreichen. Die Form in den vorgeheizten Ofen schieben und in 30 Minuten bei 200°C backen. Für die Soße Rotwein mit Zimt und Zucker aufkochen, mit kaltem Wasser angerührte Speisestärke dazugeben, umrühren und noch einmal kurz aufkochen. Zimtstück herausnehmen. Die Soße gesondert zum Auflauf reichen. Wiener Weinkoch eignet sich sowohl als süßes Abendessen wie als Nachspeise nach einem leichten Mittagessen.

Wildschweinbraten in Rotweinsoße

Rôti de sanglier au vin rouge

Fleisch von einem ausgewachsenen Wildschwein muß auf jeden Fall gebeizt werden, damit es nach dem Schmoren zart genug aus der Bratenpfanne kommt. Die Rotweinmarinade ist zugleich die Grundlage der delikaten Soße.

Für 6 Personen:
1,5 kg Wildschweinfleisch (Keule), Salz;
für die Marinade: 1/2 Sellerieknolle,
2 Karotten, 2 Petersilienwurzeln, 2 Zwiebeln,
1 Lorbeerblatt, 5 zerdrückte
Wacholderbeeren, Salz, 1 Prise Zucker,
1/8 l Weinessig, 1/2 l kräftiger Rotwein;
für Schmoren und Soße: 100 g Räucherspeck,
30 g Butter, 30 g Mehl, 1/8 l saure Sahne

Fleisch vorbereiten und salzen. Aus den angegebenen Zutaten (Gemüse grob zerschneiden) eine Marinade kochen, abkühlen lassen und das Fleisch darin unter gelegentlichem Wenden 2–3 Tage ziehen lassen. Fleisch herausnehmen, abtropfen lassen und mit Küchenkrepp trockentupfen. Speck würfeln und in der Bratenpfanne anrösten, das Fleisch dazugeben und rundherum anbraten, dann durchgesiebte Marinade angießen und das Fleisch garen, dabei zwischendurch mit Marinade beschöpfen. Für die Soße Butter erhitzen und das Mehl darin mittelbraun anrösten, mit Bratfond und Marinade ablöschen, zum Kochen bringen und 8 Minuten kräftig durchkochen. Die Soße durch ein Sieb geben, nochmals aufkochen, mit Pfeffer und Salz abschmecken, von der Brennstelle nehmen und die Sahne hineinrühren. Die Soße gesondert zum aufgeschnittenen Wildschweinbraten reichen, dazu Linsengemüse oder Pilze und Salzkartoffeln oder Kartoffelklöße servieren. Als Getränk kommt nur ein herzhafter Rotwein in Frage.

Wichtige Rebsorten

Sorte	Andere Namen	Weinart	Hauptanbaugebiete	Weincharakteristik
Alicante	Grenache	rot	Spanien, Italien, Frankreich, Nordafrika	vollmundig, geringe Säure
Arvine	Petite Arvine	weiß	Schweiz (Wallis)	markant, voll
Auxerrois	Auxois, Auxera, Pinot Auxerrois	weiß	Deutschland, Frankreich, Luxemburg	duftig, frisch, bukettreich
Bacchus	(Neuzüchtung aus Silvaner, Riesling, Müller-Thurgau)	weiß	Deutschland	extraktreich, fruchtig, blumig
Barbera	–	rot	Italien, Kalifornien	vollmundig, Veilchenduft
Blauer Limberger	Lemberger, Blaufränkisch, Schwarzfränkisch, Moravka, Kékfrankos	rot	Österreich, Ungarn, Jugoslawien, Frankreich (Elsaß)	vollmundig, kräftig, verwandt mit Burgunder
Cabernet franc	–	rot	Frankreich	kräftig, herb
Cabernet Sauvignon	–	rot	Frankreich, UdSSR, Kalifornien, Chile, Australien	große Weine, edel, rassig und kräftig
Chardonnay	(Weißburgunder-Variante) Arnoison, Aubaine, Beaunois, Melon blanc	weiß	Frankreich, Nordamerika, Südafrika, Jugoslawien, Österreich	harmonisch, elegant, bukettreich
Dolcetto	–	rot	Italien	trocken, alkoholreich
Faber	(Neuzüchtung aus weißem Burgunder und Müller-Thurgau)	weiß	Deutschland	fruchtig, frisch, Muskatton
Furmint	Gelber Mosler, Tokajer	weiß	Ungarn, Jugoslawien	feurig, alkoholreich (Grundlage des Tokajers)
Gutedel	Moster, Junker, Süßling, Silberling, Frauentraube, Chasselas, Fendant, Wälscher, Mazemina bianca, Fehér ropvos	weiß	Deutschland, Österreich, Schweiz, Kalifornien	leicht, mild, säurearm, süffig
Kadarka	–	rot	Ungarn	rassig, feurig
Kerner	(Neuzüchtung aus Trollinger und Riesling)	weiß	Deutschland	frisch, rassig, rieslingähnlich
Lambrusco	–	rot	Italien	spritzig, feurig, perlend
Leányka	Feteaskă, Mädchentraube	weiß	Rumänien, Ungarn, Bulgarien	blumig-duftig, leicht
Listan	Palomino	weiß	Spanien	feurig, kraftvoll (Sherry-Grundlage)
Malvasia	Malvoisie, Malmsey, Malvagia	weiß	Frankreich, Italien	schwer, süß (Madeira-Grundlage)
Malvasier	Roter Malvasier	weiß	Deutschland, Österreich	kräftig, ausdrucksvoll, dezentes Bukett, alkoholreich
Mavrodaphne	Mavrud	rot	Griechenland, Bulgarien	schwer, süß (Grundlage des gleichnamigen Rotweins)
Melnik	–	rot	Bulgarien	süß, körperreich
Merlot	Plant Médoc, Bigney, Plant Medre	rot	Frankreich, Schweiz, Italien, Jugoslawien, Chile, Argentinien	körperreich, voll, harmonisch (in Frankreich Bordeaux-Grundlage)
Morio-Muskat	(Neuzüchtung aus Silvaner und weißem Burgunder)	weiß	Deutschland	wuchtig, füllig, kräftiges Muskatbukett
Müllerrebe	Schwarzriesling, Samtrot, Pinot Meunier, Postitsch, Favineux noir, Blanc Meunier	rot	Frankreich, Deutschland (Württemberg), Österreich, Jugoslawien	körperreich, säurearm, frisch
Müller-Thurgau	Riesling × Silvaner, Rivaner	weiß	Deutschland, Schweiz, Österreich, Italien, Jugoslawien, Ungarn, Luxemburg	mild, leicht, blumig, duftig, harmonisch

Sorte	Andere Namen	Weinart	Hauptanbaugebiete	Weincharakteristik
Muskateller	Moscatel, Moscatello bianco, Muskataly, Muscat, Zoruna, Bela dinka	weiß	Italien, Frankreich, Spanien, Portugal, Ungarn, Jugoslawien, Bulgarien, UdSSR	leicht bis rassig, kräftiges Muskatbukett
Nebbiolo	–	rot	Italien	körperreich, voll, rassig
Neuburger	–	weiß	Österreich	voll, kräftig, mild
Nobling	(Neuzüchtung aus Silvaner und Gutedel)	weiß	Deutschland	fruchtig, körperreich
Pedro Ximénez	P. X.	weiß	Spanien	extraktreich (Sherry-Grundlage)
Plavač	–	rot	Jugoslawien	saftig, körperreich
Riesling	Rheinriesling, Riesling renano, Petit Rhin	weiß	Deutschland, Österreich, Frankreich, Jugoslawien, Italien, Schweiz, Australien, Kalifornien	fruchtig, rassig, bei gutem Säureanteil lange lagerfähig
Ruländer	Grauburgunder, Pinot gris, Malvoisien, Auvernais gris, Grauklevner, Tokajer, Szürkebarát (grauer Mönch)	weiß	Deutschland, Frankreich, Österreich, Schweiz, Jugoslawien, Ungarn, Italien	füllig, kräftig, wuchtig
Saint-Laurent	St.-Lorenz-Traube, Laurenzitraube, Pinot Saint-Laurent	rot	Deutschland, Österreich, Frankreich	gehaltvoll, säurebetont, feines Bukett
Sangiovese	–	rot	Italien	kräftig, gehaltvoll
Sauvignon blanc	Muskat-Silvaner	weiß	Frankreich, Österreich, Jugoslawien	extraktreich, rund, voll
Scheurebe	(Neuzüchtung aus Riesling und Silvaner)	weiß	Deutschland, Österreich	körperreich, harmonisch, aromatisch
Sémillon	–	weiß	Frankreich, Kalifornien	voll, rassig, alkoholreich (u. a. Grundlage des Sauternes)
Silvaner	Sylvaner, Johannisberg, Gros Rhin, grüner Silvaner, Silvania	weiß	Deutschland, Schweiz, Italien, Österreich, Rumänien, Ungarn, Jugoslawien	neutral, blumig, voll, mild
Spätburgunder	Blauburgunder, blauer Spätburgunder, Pinot noir, Pinot nero, Klevner	rot	Frankreich, Schweiz, Deutschland, Österreich, Ungarn, Rumänien, Jugoslawien, Nord- und Südamerika, Südafrika	samtig-feurig, mittelschwer
Traminer und Gewürztraminer	Clevner, Rotedel, Gris Rouge, Noble Rose, Mala Dinka, Fleischweiner, Ranfoliza, Rusa	weiß	Deutschland, Österreich, Frankreich, Ungarn, Jugoslawien, Italien	säurearm, würzig, rassig, feines Bukett, alkoholreich
Trebbiano	Ugni blanc	weiß	Italien, Frankreich	extraktreich, voll
Trollinger	Groß-Vernatsch, Fleischtraube, Bockstraube, Troller, Pommerer, Hammelhoden, Schiavone, großer Burgunder, Frankental noir, Gros bleu, Black Hamburg	rot	Deutschland (Württemberg), Italien, Österreich, Frankreich	kernig, rassig, frisch
Veltliner	Grüner Veltliner, Grüner, Grünmuskateller, Weißgipfler	weiß	Österreich, Deutschland, Ungarn, Kalifornien	spritzig, fruchtig-würzig, pfeffrig
Verdicchio	–	weiß	Italien	fruchtig, frisch, trocken oder halbsüß
Vernaccia	–	weiß	Italien	frisch, trocken, alkoholhaltig
Weißburgunder	Weißer Burgunder, weißer Klevner, Clevner, Pinot blanc, weißer Arbst	weiß	Frankreich, Italien, Schweiz, Österreich, Deutschland	voll, mild, kräftig
Welschriesling	Riesling italico	weiß	Österreich, Ungarn, Jugoslawien	neutral, feines Bukett
Wildbacher	Schilcherrebe, Krachner, Kräutler, Mauserl	rot	Österreich	würzig, rauh
Zierfandler	Rubiner, Spätrot	weiß	Österreich, Ungarn, Jugoslawien	fein-blumig, extraktreich

Die Gerichte
nach Rezeptgruppen

Falls nicht anders angegeben, sind die Zutaten
für vier Personen berechnet.

Suppen und Kaltschale

Badische Schneckensuppe   74
Kirschsuppe mit Rotwein   138
Kroatische Apfelsuppe   142
Pfälzer Weinsuppe   156
Weinkaltschale   206

Fisch und Meeresfrüchte

Aal grün auf flandrische Art   68
Aalragout aus dem Anjou   70
Forellen auf baskische Art   100
Gefüllter Hecht im Weinsud   116
Karpfen in Rotwein   134
Muscheln nach Art der Seemannsfrau   148
Normannische Seezungenfilets   150
Seezunge in Safransoße   188
Tintenfisch in Rotwein   200

Fleischgerichte

Béarner gedünstetes Rindfleisch   78
Eingemachtes Kalbfleisch   86
Garnierte Ochsenzunge   104
Gebratene Nieren in Weißwein   110
Kalbfleisch in Thunfischsoße   126
Kalbsschnitzel in Marsala   128
Lammkoteletts nach Art der Schäferin   144
Rinderbraten nach Art des Périgord   170
Rindsrouladen in Rotweinsoße   172
Schäufele in Weißwein   178
Schmorbraten auf französische Art   180
Schweinekoteletts mit Chianti   186
Tafelspitz St. Magdalena   198

Geflügel

Ente mit Madeirakirschen   90
Fasan im Sauerkrautbett   92
Hähnchen in Rotwein   120
Hühnerfrikassee mit Morcheln   124

Putenpfeffer in Rotweinsoße   158
Rebhuhn mit Schokoladensoße   160

Wild

Gascogner Hase   106
Hirschkeule gebraten   122
Kaninchen in Weißwein   130
Kaninchenragout mit Rotwein   132
Rehnüßchen in Pfeffersoße   162
Rehrücken Cumberland   164
Topfhase mit Schneebällchen   202
Wildschweinbraten in Rotweinsoße   216

Eintopfgerichte und Aufläufe

Bettelmann   82
Elsässer Fleischtopf mit Kartoffeln   88
Griechische Auberginenpfanne   118
Savoyer Kartoffelkuchen   176

Gemüse- und Kartoffelgerichte, Teigwaren

Bayerisches Weinkraut   76
Fenchel in Rotweinsoße   94
Gebratene Weinkartoffeln   112
Gefüllte Artischocken barigoule   114
Sauerkraut auf Elsässer Art   174
Spaghetti auf sardische Art   192
Spargel mit Weinschaumsoße   196

Salate und Zwischengerichte

Fischsalat mit Ravigotesoße   98
Koblenzer Ratsherrenteller   140
Schnecken in Moselweinteig   182
Schnecken in Weißweinsud   184
Sommersalat mit Sherry-Dressing   190

Nachtisch

Betrunkene Jungfern   80
Bettelmann   82
Birnen in Burgunder   84
Gebackene Äpfel mit Honig   108
Kartäuserklöße mit Weinsoße   136
Kirschsuppe mit Rotwein   138
Kroatische Apfelsuppe   142
Melonenkugeln in Portwein   146
Obstsülze mit Weißwein   152
Gratinierte Orangen   154
Pfälzer Weinsuppe   156
Reisflammeri mit Rotwein   166
Reisklöße in Wein   168
Weincreme   204

Weinkaltschale   206
Weinschaum mit Marsala   208
Weißweingelee mit Erdbeeren   212
Wiener Weinkoch   214

Kuchen

Apfelkuchen auf Burgunder Art   72
Savoyer Kartoffelkuchen   176

Getränke

Feuerzangenbowle   96
Frankfurter Maiwein   102
Spanische Rotweinbowle   194
Weißweinbowle mit Erdbeeren   210

Die Gerichte alphabetisch

Aal grün auf flandrische Art   68
Aalragout aus dem Anjou   70
Apfelkuchen auf Burgunder Art   72
Apfelsuppe kroatisch   142
Artischocken barigoule gefüllt   114
Auberginenpfanne griechisch   118

Bäckeofe   88
Badische Schneckensuppe   74
Bayerisches Weinkraut   76
Béarner gedünstetes Rindfleisch   78
Betrunkene Jungfern   80
Bettelmann   82
Birnen in Burgunder   84

Dippehas   202

Eingemachtes Kalbfleisch   86
Elsässer Fleischtopf mit Kartoffeln   88
Ente mit Madeirakirschen   90
Erdbeerbowle   210

Fasan im Sauerkrautbett   92
Fenchel in Rotweinsoße   94
Feuerzangenbowle   96
Fischsalat mit Ravigotesoße   98

Forellen auf baskische Art   100
Frankfurter Maiwein   102

Garnierte Ochsenzunge   104
Gascogner Hase   106
Gebackene Äpfel mit Honig   108
Gebratene Nieren in Weißwein   110
Gebratene Weinkartoffeln   112
Gedünstetes Rindfleisch Béarner Art   78
Gefüllte Artischocken barigoule   114
Gefüllter Hecht im Weinsud   116
Gratinierte Orangen   154
Griechische Auberginenpfanne   118

Hähnchen in Rotwein   120
Hecht gefüllt im Weinsud   116
Hirschkeule gebraten   122
Hühnerfrikassee mit Morcheln   124

Kalbfleisch in Thunfischsoße   126
Kalbsschnitzel in Marsala   128
Kaninchen in Weißwein   130
Kaninchenragout mit Rotwein   132
Karpfen in Rotwein   134
Kartäuserklöße mit Weinsoße   136
Kartoffelkuchen Savoyer Art   176

Kirschsuppe mit Rotwein   138
Koblenzer Ratsherrenteller   140
Kroatische Apfelsuppe   142

Lammkoteletts nach Art der Schäferin   144

Maiwein Frankfurter Art   102
Melonenkugeln in Portwein   146
Muscheln nach Art der Seemannsfrau   148

Nieren gebraten in Weißwein   110
Normannische Seezungenfilets   150

Obstsülze mit Weißwein   152
Ochsenzunge garniert   104
Orangen gratiniert   154

Pfälzer Weinsuppe   156
Putenpfeffer in Rotweinsoße   158

Ratsherrenteller Koblenzer Art   140
Rebhuhn mit Schokoladensoße   160
Rehnüßchen in Pfeffersoße   162
Rehrücken Cumberland   164
Reisflammeri mit Rotwein   166
Reisklöße in Wein   168
Rinderbraten nach Art des Périgord   170
Rindfleisch gedünstet   78
Rindsrouladen in Rotweinsoße   172
Rotweinbowle spanisch   194

Sangría   194
Sauerkraut auf Elsässer Art   174
Savoyer Kartoffelkuchen   176
Schäufele in Weißwein   178
Schmorbraten auf französische Art   180
Schnecken in Moselweinteig   182
Schnecken in Weißweinsud   184
Schneckensuppe badisch   74
Schweinekoteletts mit Chianti   186
Seezunge in Safransoße   188
Seezungenfilets normannisch   150
Sommersalat mit Sherry-Dressing   190
Spaghetti auf sardische Art   192
Spanische Rotweinbowle   194
Spargel mit Weinschaumsoße   196

Tafelspitz St. Magdalena   198
Tintenfisch in Rotwein   200
Topfhase mit Schneebällchen   202

Weincreme   204
Weinkaltschale   206
Weinkartoffeln gebraten   112
Weinkraut bayerisch   76
Weinschaum mit Marsala   208
Weinsuppe pfälzisch   156
Weißweinbowle mit Erdbeeren   210
Weißweingelee mit Erdbeeren   212
Wiener Weinkoch   214
Wildschweinbraten in Rotweinsoße   216

Bildquellen

Bavaria 19 l. M. (Andy Bernhaut), 61 (EPS), 18 l. 2. v. o., 18 l. 2. v. u., 29 (Dr. Hermann Frass), 50 u. (Andreu Masague)
Bayerische Staatsbibliothek, München 65
H. Bergmann-Anthony 13
Friedrich Bormann: 5, 39, 41
S. Eigstler 15, 54
Historisches Museum der Pfalz, Speyer: 11
Edmond van Hoorick: 2
Kerth/Mauritius 22 l. o.
Josef Laubacher 26 u., 27 o. (2)
Löbl-Schreyer: 7, 9, 18 l. u., 22 l. u., 22 r. (2),

23, 27 u., 42/43, 47, 56/57
Alfred Pasieka 51
roebild 20 (Wondruska), 33 (Lorenz)
Scala 25
C. L. Schmitt 26 o.
Bildarchiv Schuster/Schiller 49
Sigloch Bildarchiv/Döbbelin 68–217
Christian Teubner 18 l. o., 35, 50 o.
Heinz-Gert Woschek 18 r. (3), 19 l. o., 19 l. u.
19 r. M., 19 r. u.
ZEFA 37 (F. Paul), 53 (E. Streichan)

Reihenweise
Kulinarische Köstlichkeiten

  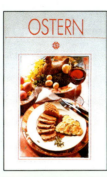  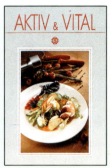

   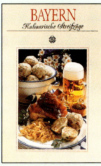 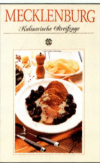

 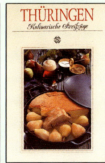   

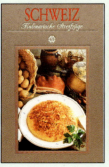 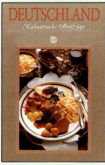